EU E OUTRAS POESIAS

Augusto dos Anjos

EU E OUTRAS POESIAS

Augusto dos Anjos

Introdução
ANTONIO ARNONI PRADO

Organização e fixação de texto
HAQUIRA OSAKABE

wmf martinsfontes

SÃO PAULO 2019

Ilustração da capa
Imagem da obra de Oswaldo Goeldi publicada de acordo com as normativas do Projeto Goeldi e legislação vigente dos direitos autorais do artista.
www.oswaldogoeldi.org.br

1ª edição *1994*
3ª edição *2011*
2ª tiragem *2019*

Documentação e iconografia
Ivan Teixeira e Zenir Campos Reis
Atualização ortográfica
Thelma Batistão
Revisões gráficas
Renato da Rocha Carlos
Maurício Balthazar Leal
Produção gráfica
Geraldo Alves
Paginação
Studio 3 Desenvolvimento Editorial

Dados Internacionais de Catalogação na Publicação (CIP)
(Câmara Brasileira do Livro, SP, Brasil)

Anjos, Augusto dos, 1884-1914.
Eu e outras poesias / Augusto dos Anjos ; introdução Antonio Arnoni Prado; organização e fixação de texto Haquira Osakabe. – 3ª ed. – São Paulo : WMF Martins Fontes, 2011. – (Coleção poetas do Brasil)

ISBN 978-85-7827-416-0

1. Poesia brasileira I. Prado, Antonio Arnoni. II. Osakabe, Haquira. III. Título. IV. Série.

11-05086 CDD-869.91

Índices para catálogo sistemático:
1. Poesia : Literatura brasileira 869.91

Editora WMF Martins Fontes Ltda.
Rua Prof. Laerte Ramos de Carvalho, 133 01325.030 São Paulo SP Brasil
Tel. (11) 3293.8150 e-mail: info@wmfmartinsfontes.com.br
http://www.wmfmartinsfontes.com.br

Coleção "POETAS DO BRASIL"

Vol. II – Augusto dos Anjos

Esta coleção tem como finalidade repor ao alcance do leitor as obras dos autores mais representativos da história da poesia brasileira. Tendo como base as edições mais reconhecidas, este trabalho conta com a colaboração de especialistas e pesquisadores no campo da literatura brasileira, a cujo encargo ficam os estudos introdutórios e o acompanhamento das edições, bem como as sugestões de caráter documental e iconográfico.

Este segundo volume da coleção dedicado a Augusto dos Anjos foi preparado por Antonio Arnoni Prado, professor titular do Departamento de Teoria Literária da Unicamp, autor, entre outros, de *Lima Barreto: o crítico e a crise* (1976), *Itinerário de uma falsa vanguarda* (1983), *Trincheira, palco e letras* (2004), e organizador do volume *Libertários no Brasil* (1987).

Coordenador da coleção: Haquira Osakabe, doutor em Letras pela Unicamp, foi professor de Literatura Portuguesa no Departamento de Teoria Literária daquela mesma Universidade.

TÍTULOS JÁ PUBLICADOS

José de Anchieta – *Poemas.*
Edição preparada por Eduardo de A. Navarro.

Augusto dos Anjos – *Eu e outras poesias.*
Edição preparada por Antonio Arnoni Prado.

Cruz e Sousa – *Missal/Broquéis.*
Edição preparada por Ivan Teixeira.

Castro Alves – *Espumas flutuantes & Os escravos.*
Edição preparada por Luiz Dantas e Pablo Simpson.

Raul de Leoni – *Luz mediterrânea e outros poemas.*
Edição preparada por Sérgio Alcides.

Casimiro de Abreu – *As primaveras.*
Edição preparada por Vagner Camilo.

Medeiros e Albuquerque – *Canções da decadência e outros poemas.*
Edição preparada por Antonio Arnoni Prado.

Silva Alvarenga – *Obras poéticas.*
Edição preparada por Fernando Morato.

Ascenso Ferreira – *Catimbó, Cana Caiana, Xenhenhém.*
Edição preparada por Valéria Torres da Costa e Silva.

Augusto dos Anjos

EU

RIO DE JANEIRO — 1912

À MEMÓRIA DE MEU PAI

À minha Mãe – Córdula C. R. dos Anjos
À minha Mulher – Ester Fialho R. dos Anjos
À minha filhinha – Glória
Aos meus irmãos

ÍNDICE

EU

OUTRAS POESIAS

POEMAS ESQUECIDOS

OUTROS POEMAS ESQUECIDOS

INTRODUÇÃO

UM FANTASMA NA NOITE DOS VENCIDOS

"Ah! Esta é a noite dos Vencidos!
É a podridão, meu velho!"

AUGUSTO DOS ANJOS

I

Augusto de Carvalho Rodrigues dos Anjos nasceu no engenho de Pau d'Arco, estado da Paraíba, a 20 de abril de 1884, e morreu de tuberculose na cidade mineira de Leopoldina no dia 12 de novembro de 1914, poucos meses depois de ter assumido o cargo de diretor de um grupo escolar. Estimulado pelo pai bacharel, que lhe incutiu bem cedo o gosto da leitura e dos estudos, descobriu no campo, em contato com a natureza, os primeiros sinais de uma vocação intelectual profundamente marcada pelos poetas do Romantismo, cujos delírios e tormentos impressionaram fundo a imaginação do menino enfermiço e triste que ele era, devassando-a das obsessões que vincariam os primeiros versos da adolescência nos bancos do *Liceu Paraibano*.

Por esse tempo, mais ou menos por volta de 1900, a crer no depoimento de Órris Soares, seu amigo e contemporâneo de liceu, Augusto, um rapaz *de magreza esquálida, faces reentrantes e olhos fundos*, indiciava na própria fisionomia os tons de catástrofe que trairiam-lhe a psique – a boca fazendo *a catadura crescer de sofrimento, por contraste do olhar doente de tristura, nos lábios uma crispação de demônio torturado*[1]. Torturava-o, já então, vagando pelos corredores do liceu, os olhos mergulhados na quimera impossível da libertação, a busca do equilíbrio que os primeiros românticos burilavam a partir de uma nova concepção da lírica, até então cortada pela razão e o sentimento como verdades inconciliáveis, e que um poeta como Wordsworth, no prefácio da segunda edição das *Lyrical Ballads*, transgredia com lucidez, ao propor a combinação entre intuição e consciência como uma espécie de saída harmônica que permitiria ao poeta ler o significado espiritual da natureza partindo do reino das ideias como único pressuposto[2].

---

1. Ver a respeito Órris Soares. "Elogio de Augusto dos Anjos", in *Eu e outras poesias*, 9ª ed., Rio de Janeiro, Bedeschi, 1944, pp. 21-2. A primeira publicação do *Eu* foi feita, em edição particular, no ano de 1912, financiada pelo poeta e por seu irmão Odilon, numa época em que Augusto dos Anjos lecionava como professor interino de Geografia na Escola Normal e no Colégio Pedro II.

2. Paulo Vizzioli analisa em profundidade o tema no ensaio "O sentimento e a razão nas poéticas e na poesia do Romantismo", in *O romantismo* (J. Guinsburg, org.). São Paulo, Perspectiva, 1978, pp. 142 ss.

Já iniciado em humanidades e aluno da faculdade de Direito do Recife, na qual se matricula em 1903, Augusto experimenta os primeiros sinais de inquietação intelectual em face desse desvio que ameaçava destruir a nebulosa amena da tradição romântica. Ao mesmo tempo em que trava contato com o suposto léxico científico de sua época, entra para a esfera de influências desencadeada pelo ideário filosófico da chamada Escola do Recife, de grande presença no panorama cultural do Nordeste no final do século passado. É um momento de transição espiritual marcada por intensa procura de caminhos que o levassem ao coração da lírica. Como um *outsider* que vinha das primeiras libações românticas para o impasse da representação num período que aparentemente se esgotava na própria exaustão dos códigos que o legitimavam, o poeta se isola numa crise de identidade que antecipa, em muitos de seus aspectos, as contradições mais fundas abertas pela modernidade. Assim, se no horizonte da lírica, de que ele então buscava acercar-se, a sensação é de *paralisia* ante a limitação dos termos com que ela reduzia a experiência, o ponto de ruptura que o levará ao confronto está na própria leitura que ele faz da tradição. A verdade, como veremos, é que do estro lírico dos primeiros românticos, Augusto conservará apenas as primeiras impressões de uma rebeldia que ele acaba diluindo em face do estranhamento e da aversão pelas convenções ornamentais que a exteriorizavam. Embora obcecado pela busca do equilíbrio entre a razão e o sentimento, depois desdobrado no meticuloso estudo da harmonia entre as leis fundamentais da natureza e de seu reflexo no próprio significado da condição humana, o *tonus* da sua lírica vai situar-se no polo oposto ao do *locus* poético que Wordsworth preconiza em seu prefácio quando, ao refletir sobre as relações entre a natureza e o destino do homem, nos fala da necessidade de descrever as situações da vida o máximo possível com a linguagem usada pelos homens, mas ao mesmo tempo "lançando sobre eles um certo colorido de imaginação graças ao qual as coisas familiares seriam apresentadas à mente sob um aspecto incomum"[3].

Nada mais distante – o leitor verá – da lírica de Augusto dos Anjos. Anatol Rosenfeld, no estudo definitivo que dedicou à obra do poeta, nos fala da sedução erótica que os termos científicos exercem sobre ele, lembrando a notável convergência de estilos que aproximava a sua obra da terminologia clínico-literária de alguns expressionistas alemães, entre eles Trakl, G. Benn e G. Heym, contemporâneos todos de Augusto dos Anjos. No entanto, mais importante que as afinidades, mero acaso no plano das homologias literárias, é que diante dessa *poesia de necrotério*, como indica Rosenfeld, desintegram-se não apenas a sensibilidade e os valores do poeta como ser humano, como também a palavra e a expressão literária que os exprimiam, o que significa dizer que com o impacto dessa poesia de-

3. Idem, ibidem, p. 144.

fine-se um novo instrumento literário que passa a dialogar com o inusitado, instaurando uma unidade dialética entre a lírica e a ciência que escava na *coincidentia oppositorum* a chave temática de um novo estado poético, esdrúxulo e dissonante, fragmentado pela experiência do dualismo e marcado por antagonismos inconciliáveis[4].

Se por ele é possível lastrear a vertente que conduz Augusto dos Anjos ao coração da lírica, na origem de sua nebulosa está o deslocamento do poeta para um outro universo imaginário, mais próximo do ideário decadentista, mas ainda tributário da alma dúplice do herói romântico cuja face mística tende a dissolver o indivíduo no todo, apesar de a face intelectual continuar submetendo o universo aos caprichos do indivíduo.

A inevitável frustração que daí decorre é diretamente proporcional à intuição dos valores absolutos que o poeta procura compensar ao dourar a imagem da derrota "*como um luxo do homem superior cuja morte trágica equivale à compulsão trágica e magnífica de todo grande ideal e de toda grande paixão*"[5].

Essa hesitação entre o sonho e o tormento, que Albert Béguin definiu como uma aspiração de regresso ao Nada e ao Absoluto mediante a supressão do Tempo enquanto redenção supre-

4. Cf. Anatol Rosenfeld. "A costela de prata de Augusto dos Anjos", in *Texto/Contexto*, 2ª ed., São Paulo, Perspectiva, 1973.

5. Cf. Giuseppe Gobetti. "Il decadentismo". *Dizionario Letterario Bompiani delle Opere* (vol. I). Milão, Valentino Bompiani, 1971, pp. 57-8.

ma, e que Anatol Rosenfeld parece ajustar aos antagonismos essenciais da lírica dissonante de Augusto dos Anjos como um traço expressionista, na verdade só será compreendida se levarmos em conta que o poeta chegou a ela porque viveu a experiência do "Parnaso". Deste, Augusto dos Anjos reteve a ideia de que o poeta é sobretudo um criador interessado na objetividade absoluta e na impassibilidade da obra literária em face da qual, como disse Giuseppe Gabbetti, a humanidade do poeta acaba se rendendo à voluntariedade do artífice, à técnica verbal e ao empenho construtor. Distante do *autobiografismo elegíaco* e do *exibicionismo sentimental*, como sabemos dois desvios expressivos da retórica romântica, a lírica de Augusto dos Anjos expande-se para uma outra direção, aderindo ao cânon positivista que elege a Arte como instância de consolação da vida e o Belo como única razão de existir, ainda que sob sua égide a alma do poeta tenha de curvar-se ao verbo pessimista que vem da Índia antiga e de outras civilizações mais antigas.

No caso de Augusto dos Anjos, como assinalou Anatol Rosenfeld, o *frisson galvanique* está em Baudelaire, em cujo filão estético tem origem esse veio lírico de "tirar uma beleza alexandrina do feio e do horroroso", como se o poeta buscasse o tempo todo a palavra incorruptível para melhor exprimir e superar as visões da podridão[6]. Daí que na impassibilidade de seus versos ressoe essa regularidade pendular que vai do panteísmo místico para um evolucionismo que

6. Ver Anatol Rosenfeld, op. cit., p. 268.

se dilui, em seus graus mais elevados, na espiritualização e no intelectualismo – de um lado o sonho de desfrutar da paz de Buda sob o *metapsiquismo de Abhidarma*, de outro o tormento de escapar à *obscura forma humana* e atingir a imortalidade das ideias.

A fragmentação e o caos, o Nirvana e o pulsar inescrutável da vida da matéria, a unidade e a metamorfose, o horror à incompletude e a *ataraxia* permanente ante as formas que não chegam a ser, a *fala paralisada no molambo da língua*, a fatalidade do apodrecimento e a impossibilidade de iludir a Morte, tudo isso e o riso irônico ante a carne que desmancha e o verme que a devora – eis os acordes que Augusto dos Anjos vai tirando de sua lira estacionada nas cercanias do nono círculo do inferno, na verdade a entrada que elegeu para devassar o coração da poesia. De fato o poeta chega a ela numa trajetória que lembra a descida de Dante às paragens infernais do *Letes*, como que traduzindo em termos alegóricos, à semelhança da *Divina Comédia*, a viagem de uma alma inquieta pela obsessão das origens.

O princípio dinâmico que organiza o itinerário do poeta do *Eu*, entretanto, ao contrário do percurso de Dante, não reedita a viagem de uma alma peregrina no tempo em busca daquele bem infinito em que Mario Casella viu o *amor humano enquanto participação finita no amor divino que é sinônimo de perfeição*. Em Augusto dos Anjos, o artífice do expressionismo é movido por uma espécie de fome ancestral da decadência que transcende de muito o anti-humanismo programático do herói decadentista, mesclando ao verbo esotérico dos simbolistas a distância acadêmica dos parnasianos e a insubordinação dos modernos[7]. Na verdade, se é possível ler a lírica de Augusto dos Anjos como uma síntese de todos esses códigos, isso não significa de modo algum que estejamos integrados aos seus registros. Lendo-os na chave da tradição, o leitor atento perceberá, como se percutisse as claves de um enigma filarmônico, a necessidade de integrar os planos, de recompor o itinerário da trajetória descendente com que o poeta investe para o caos e nele se desintegra como que auscultando em cada centelha da energia dissipada um gesto crítico da inteligência que resiste.

Num certo sentido, em Augusto dos Anjos, o espectro do *eu* romântico, que por vezes insiste em flanar *por sobre a multidão dos séculos futuros*, jamais é atraído, como anjo ou remígio, *pelo mistério da luz que os Céus inflama* e tampouco o Firmamento de sua lírica tem qualquer seme-

---

7. Lúcia Helena, uma das intérpretes mais lúcidas da obra de Augusto dos Anjos, afirma que embora se possa reconhecer no conjunto de sua obra a presença de elementos simbolistas (a musicalidade, o cabalismo, a numerologia, o orientalismo), naturalistas ou parnasianos, impressionistas ou expressionistas – e mesmo "*a presença de marcas antecipadoras das transformações que vieram a aclarar-se e radicalizar-se com os modernos*" – conclui que "*ainda assim necessitaríamos de ir além*" (*A cosmo-agonia de Augusto dos Anjos*, 2ª ed., Rio de Janeiro/Tempo Brasileiro; João Pessoa/Secretaria da Educação e Cultura da Paraíba, 1984, pp. 42-3).

lhança com os devaneios de Jean-Paul *dans le Midi ensoleillé*, como os descreveu Albert Béguin. E, não obstante ele pertencer à mesma linhagem espiritual dos poetas inspirados nas paisagens nativas e ligadas de coração à sua cultura de origem, ele não compõe com a falange dos vates desligados deste mundo e nem sequer faz as vezes do *passante efêmero de olhar evanescente*[8]. O seu alvo é perseguir em voo aberto *a mosca alegre da putrefação.*

Do mesmo modo, os códigos da convenção da arte pela arte servem-lhe de artifício para maquilar o poema que os desfigura ao desfuncionalizar a matriz que os legitima. Assim, em lugar do *índio heroico e varonil*, o "*filho podre de antigos goitacazes*", em vez do poeta enquanto artífice que cinzela o poema como *se ferisse o mármore com o camartelo*, o virtuose da aberração que *mata o sonho e o ideal e sente o cheiro do cadáver no perfume*[9]; contra o andamento harmônico do decassílabo que modula a eurritmia dos temas pelo compasso das emoções que eles sugerem, a corrosão da terminologia científica que parece anular a estrutura das estrofes e do

---

8. Sobre a tópica do *passante efêmero* ver Albert Béguin: "Le ciel romantique", in *L'Ame Romantique et le Rêve*. Paris, Librairie José Corti, 1974, pp. 151-2.

9. No poema "Cismas do destino" aparece uma definição do poeta como sinônimo da fatal esterilidade: "*Poeta, feto malsão, criado com os sucos /De um leite mau, carnívoro asqueroso, / Gerado no atavismo monstruoso /Da alma desordenada dos malucos; / Vítima das criaturas inferiores / Governada por átomos mesquinhos, / Teu pé mata a uiberdade dos caminhos /E esteriliza os ventos geradores!*"

próprio poema pela rigidez do argumento que os transforma em meros suportes de conceitos, como que esvaziando a forma literária de qualquer sentido poético.

Lendo com atenção o universo erudito e as fontes que o poeta mobiliza em sua obra, percebe-se *o olhar dessacralizador* que os descostura em favor da neutralidade e da terminologia científica. À parte, é claro, a referência às fontes clássicas que se ajustam ao tom dos poemas que ilustram (caso da crueldade de Tântalo que serve as carnes do próprio filho num festim no poema "Vozes de um túmulo" ou do assombro de Perfeno ao arrancar os olhos de Dionisos em "Gemidos de arte", mobilizados como complementos metafóricos do pessimismo e da fatalidade), a função que as determina é claramente a dissonância que as puxa para fora do gênero, como que conferindo à dinâmica dos poemas um desenho que os articula pela junção de signos ou de matrizes incompatíveis, como nos versos

Sem ter, como Ugolino, uma cabeça
Que possa mastigar na hora da morte...

do poema "Os doentes", ou estes do poema "Sonho de um monista":

Eu e o esqueleto esquálido de Esquilo
Viajávamos, com uma ânsia sibarita,...

Outras vezes, o desfiguramento do ato poético resulta da própria degenerescência dos temas que o enfermam, contaminando as figuras de linguagem como um mórbido clichê em que as coisas aparecem destituídas de todo brilho natural e reduzidas a mórbidos sintomas, como nos versos de "Os doentes" *em* que os astros miúdos reduzem os *céus sérios e rudos*

A uma epiderme cheia de sarampos![10]

Tudo é dito com a inflexão do desespero e cada arroubo traz consigo a remissão literária de origem. Para o poeta nem mesmo Pedro Américo pintaria o quadro de aflições em que ele vive, e ele puxa os cabelos como o Rei Lear perdido na floresta ou vaga pelas estradas a uivar *hoffmaníacos* dizeres. Os anúncios das casas de comércio parecem-lhe mais tristes que as elegias de Propércio, ele se imagina uma sobrevivência de Sidarta e por vezes julga-se maior que Dante na canonização das dores do mundo. Para o leitor que o acompanha estupefato apenas uns poucos índices a modular a linhagem literária dos

10. Não é raro, dentro de um mesmo poema, alternarem-se a uma construção de fino apuro como a dos versos: "*Bruto, de errante rio, alto e hórrido, o urro / Reboava...*", verdadeiros enunciados narrativos que parecem anular a fisionomia poética das estâncias, como na estrofe: "*Vinha, às vezes, porém, o anelo instável / De, com o auxílio especial do osso masséter /Mastigando homoemérias neuras de éter / Nutrir-me da matéria imponderável*" ("Os doentes"). Outras vezes, no entanto, mais próxima do rigor parnasiano, é a estrutura da estrofe que impõe, como uma exigência do espectro rimático, a escolha de determinada palavra, razão, por exemplo, da presença de Plínio na sexta estrofe do poema "Gemidos de arte", como termo necessário para rimar com a palavra *raciocínio*.

tormentos, entre eles a referência ao eterno leito de Procusto a que resume a existência ou, noutro tom, as alusões à libertação schopenhaueriana ou às antífonas assimétricas do wagnerianismo aziago. Por meio delas, o poeta resume o afã de sua arte: como Belerofonte fez com a Quimera, ele mata o ideal e cresta os sonhos.

II

Lúcia Helena em seu belo ensaio sobre a poética de Augusto dos Anjos é uma das poucas vozes a nos propor uma visão sistematizada do processo criador do poeta. Partindo da noção de que a obra de Augusto dos Anjos é um mergulho espiritual nas origens e na evolução do universo, a ensaísta analisa o conjunto de seus versos distinguindo quatro etapas de composição. Na primeira, ela situa o *surgimento de um eu*, que se manifesta pelo que denomina de *forma vermicular desconhecida que provém do cosmopolitismo das moneras*, na qual o foco de origem é dado pela imagem da *escuridão do cósmico segredo*, originária das instâncias do caos[11]. Nessa

11. Informa Lúcia Helena que o interesse do poeta pelo tema da criação pode estar vinculado ao panorama cultural nordestino de fins do século, marcado conforme assinala pela "*difusão das ideias de Haeckel, que, em sua obra 'Enigmas do Universo'*, faz uso de uma *'filosofia' incipiente, de mitológica animação da matéria, no que recorda* o hilozoísmo *dos jônios (doutrina que atribui à matéria qualidades espirituais), bem como a doutrina de Empédocles sobre o ódio e o amor entre os elementos*". Cf. op. cit., p. 66.

primeira etapa da nebulosa que se expande, em que é possível localizar o início da trajetória descendente do poeta, cruzam-se na experiência heurística do *eu lírico* a rememoração do mito cosmogônico da criação e a intuição monística, que evoluem em diferentes núcleos temáticos da *visão intuitiva* para o *transformismo e o fagismo.*

A primeira referência à imagem do poeta no livro *Eu* é uma espécie de epifania cosmogônica que nos remete ao cosmopolitismo das moneras e aos limites de outro tempo. O poeta é o detentor do cósmico segredo e paira acima da humanidade como um trágico demiurgo que manipula os movimentos de todas as substâncias.

Pairando acima dos mundanos tetos,
Não conheço o acidente da Senectus
– Esta universitária sanguessuga
Que produz, sem dispêndio algum de vírus,
O amarelecimento do papirus
E a miséria atômica da ruga[12].

Numa segunda etapa, materializa-se a gradativa transformação do caos originário em cosmo, marcada *pelo despertar de um povo subterrâneo* cujo ímpeto inaugura a estranha fenomenologia das forças que se articulam sob uma nova disciplina captada pela intuição do poeta. É o momento do *transformismo* em que se combinam as impressões intelectuais do autor (adepto do evolucionismo de Darwin e das teorias de Haeckel e Spencer) e a mecânica das coisas vis-

12. "Monólogo de uma sombra", 3.

tas da perspectiva da ciência, definindo as diferentes vozes em que se alternam "*a autópsia da amaríssima existência, o choque da força centrípeta e do movimento para vencer esta mesma força, a genealogia dos séculos e do cosmo e a dissolução panteística*"[13] de que o poema "Os doentes" serve como uma espécie de emblema. Nele a doença é a força atroz que destrói a natureza e a paisagem por meio de efeitos estéticos impressionantes, entre os quais a visão da cidade como uma cascavel peçonhenta de morféticos convertendo a civilização numa imensa chaga:

Como uma cascavel que se enroscava,
A cidade dos lázaros dormia...
Somente, na metrópole vazia,
Minha cabeça autônoma pensava!

Mordia-me a obsessão má de que havia,
Sob os meus pés, na terra onde eu pisava,
Um fígado doente que sangrava
E uma garganta de órfã que gemia!

O fatalismo de que o universo haverá de *desintegrar-se numa glutoneria hedionda e no*

---

13. "Os três eixos de tematização (a articulação dos núcleos temáticos: intuição monística, transformismo e fagismo) atuam simultaneamente em cada um dos temas-chave. E conjugam-nos entre si, e a seus possíveis desdobramentos, pelo *duelo terrível* (a angústia instauradora a que se referiu Manuel Bandeira) que, ao desencadear o processo de corrosão, promove o questionamento da dualidade metafísica e a unificação de todos os temas, elementos e eixos de tematização em uma única e mesma cena poética: a da *cosmologia*." In Lúcia Helena, op. cit., p. 71.

próprio esgotamento do cosmo marca a terceira etapa da evolução temática, o *fagismo*, em que "*o verme (e suas variantes: a lepra, o roer, a podridão, o esterco, os resíduos ruins) é a imagem constitutiva da transformação con-sumidora*", responsável pela desagregação que se expande desarticulando por dentro as dicotomias aparentes e as relações de causalidade de que se reveste o mundo (corpo-alma, nascimento-desenvolvimento-morte, vida animal, vegetal, decomposição) e revelando o que "*a legislação genealógica da ciência tende a ocultar: o fato de que consistem numa pintura desarticulada da totalidade do real*", a que só a arte, como instância suprema da criação, tem o dom de aspirar[14].

É neste primeiro círculo da transformação que o poeta desce ao império da substância universal e constata, no pulsar da vida subterrânea dos seres inferiores, a emergência de um outro tempo, visto na dimensão vertical do mito em oposição à linearidade do tempo cristão, superado pela destruição do cosmo. Nos sinais externos dessa descoberta, define-se a aversão pela natureza humana, mais ou menos nos termos já traçados pelos decadentistas, valendo as metáforas de Des Esseintes e sua luta pela artificialização das coisas e o culto à nevrose como traços de precedência.

No entanto, ao contrário do refinamento dirigido aos prazeres e à educação dos sentidos pela exploração das sinestesias, próprios do herói de Huysmans, em Augusto dos Anjos os sentidos se apuram para registrar a derrocada de

14. Idem, ibidem, p. 72.

um mundo que se degrada por inteiro. Diante do "*invencível tédio gerado pela abundância*" do lugar comum, – mal de que padecem os decadentistas – o poeta aprimora uma nova estética da reprodução e desenvolve uma gramática dos sentidos meticulosamente transposta para a sintaxe dos odores, dos ruídos e do próprio tato presentes em cada verso que apalpa a desintegração das coisas. Desde a sensação primeira da ideia que brota do encéfalo que a constringe para morrer *no molambo da língua paralítica*, à intuição monística que fatalmente a aproxima da inconsciência atroz dos seres inferiores (lembremos a apóstrofe ao cão, *alma de inferior rapsodo errante!)* os versos do *Eu* instauram uma espécie de ventriloquia do mundo subterrâneo em movimento, transformando as células e as fibras, os vermes e os neurônios, os bichos e os instintos em autênticas forças raciocinantes[15]. Desse visionarismo nevrótico brota o automatismo das impressões que vai aos poucos substituindo a realidade por réplicas da imaginação e do delírio. Por aí o poeta assume o parentesco com as categorias das organizações liliputianas e desfruta do prazer de ser larva, enquanto sente as vegetalidades subalternas movendo-se-lhe sob as pernas, a pedir um pedaço de língua com que desencadeassem sua *filogenética vingança*. Noutro plano, é a própria obsessão da ruína que o leva a transformar os espaços em verdadeiros clichês desse *locus amoenus* ao reverso de que é exemplo notável o poema "Uma noite no Cai-

15. Idem, ibidem, p. 75.

ro", em tudo oposto à expectativa do leitor eventualmente interessado nas coisas do Egito, na verdade mera contingência para que o poeta reelabore o artificialismo da paisagem sob a óptica devoradora do fagismo (mastins negros sob a lua sinistra, pirâmides transformadas em sombria interjeição de medo, em meio ao brado epiléptico de um saltimbanco...).

Outro sintoma dessa atitude o leitor vai constatar na fragmentação da experiência que o poeta transpõe para o seu próprio corpo, quando pede, por exemplo, para ser cortado pela tesoura bramânica do Dr. Ptah Hopet, clamando que sua vida se dissolva *na aberração de um óvulo infecundo* para assim converter um dos motivos clássicos com que Camões cantou a tópica do desengano ("*o dia em que nasci moura e pereça*") num equivalente paródico da imaginação estoica. Ou ainda nos processos de mutilação que faz derivar da natureza para a sua própria pessoa tais como aparecem no poema "Tristezas de um quarto minguante", em que a despoetização do espaço é uma paródia do grotesco a lembrar uma certa inflexão para o *nonsense* própria da poesia moderna: a lua magra, por exemplo, transforma-se num paralelepípedo quebrado e depois numa figura que lembra a casca de um ovo; o poeta, delirando, molha a fronte com vinagre e quer dissolver-se no semicírculo desses cacos; conta telhas como se fosse um psicopata degenerado e em seguida entra em plena demência: numa festa uma torre cai em sua testa, os vermes e os formigueiros o desprezam, caem-lhe de uma vez todos os dentes, dois ossos roídos o assombram e ele chora, desejando beber as próprias lágrimas; nos céus a lua se apaga, répteis silenciosos cortam os campos e o poeta rola num tapete persa enquanto ouve os vinte e um tiros que festejam os funerais de Hamlet; seu grande desejo é ser a fatia esponjosa da carniça que os corvos comem sobre as jurubebas.

Se fosse possível pensar numa síntese que desse conta da atitude poética com que Augusto dos Anjos organiza, de um ângulo inteiramente inédito, essa etapa de seu delírio desintegrador, talvez valesse a pena recompor a estratégia de leitura que faz o poema "Gemidos de arte" uma espécie de estranha autobiografia literária. Nele estão presentes muitos dos elementos fundamentais que marcaram a singularidade de seus versos em face da superação do simbolismo-decadentismo, para os quais o ensaio de Lúcia Helena chama atenção ao mostrar a sua obra como resultado de um *cruzamento de textos culturais* enquanto "*sintoma de uma cultura de modelo dependente*" baseada em conceitos mal digeridos e em misturas de teorias mal-assimiladas.

O primeiro deles é a desilusão com a linguagem e os valores que ela representa e que o levam a renegar o próprio ofício e a fugir da literatura para viver como um primitivo roendo as unhas pelos matos, cercado apenas pelos cães anônimos da terra em companhia dos quais deseja beber a água podre dos charcos, dormir com os cavalos nas manjedouras e afastar-se da maldição da carne. Poeta, no entanto, detém o poder de *apalpar a úlcera e beijar a peçonha sem ser contaminado* – alçando-se assim para a ambição suprema de ascender a um mundo *moralmente limpo e liberto da presença humana* que vai aos poucos se delineando em oposição à paisagem que agora se degrada numa dimensão sensacionalista: o poeta é um ser que rasteja com a flexibilidade de um molusco e suas forças emotivas são como cobras vivas; à sua volta os juncos cortam como chicotes, modulando a vibração da alma dos vegetais que rebenta inteira com a energia dos corpúsculos do pólen, enquanto esguicha um estravasamento de seiva e todos os ovários se abrem; os musgos pintam caretas verdes nas paredes da tapera e as lagartixas impassíveis à felicidade com que o poeta se integra à natureza bruta, do *gneiss*, à pedra, numa aliança com todas as coisas do Universo. Ele não quer mais chamar-se Augusto, quer ser uma folha qualquer, um arbusto obscuro da estrada com o infinito encarcerado na alma. Abre-se aí a última etapa do percurso em que se dá a epifania de um outro orbe, gerado pela arte, única instância legítima capaz de dar vida à "*célula inicial de um cosmos novo – o grande feto que virá substituir a Espécie Humana*", que é o renascer do cosmo anteriormente destruído[16]. Um de seus emblemas mais expressivos o leitor encontra na repentina conversão do poeta no poema "A ilha de Cipango", em que as marcas do orbe degradado como que desaparecem por encanto. Por um momento o poeta deixa de ser o caminhan-

16. Idem, ibidem, p. 66.

te que segue pela estrada como um imenso verme que apodrece ao sol perseguido por adagas terríveis que atravessam os ares. De repente, ante os seus olhos abre-se o brilho do arrebatamento e ele ingressa com o gênio da Fantasia

> ...em um país *de eternas pazes,*
> *Onde em cada deserto há mil oásis*
> *E em cada rocha um cristalino veio.*

Nele o poeta *goza numa hora séculos de afagos*, banha-se na água amena dos lagos e cobre-se de flores. Apenas por um momento, breve instante em que o sonho se alterna com a felicidade e faz da poesia um ritual de esperança que anuncia o recomeço, verdadeiro contraponto a resistir aos ventos que a Desgraça espalha como um fantasma na noite dos vencidos.

ANTONIO ARNONI PRADO

A OBRA

Augusto dos Anjos é autor de um único livro, *Eu*, a que se foram acrescentando, primeiro, as chamadas *Outras poesias*, textos reunidos por Órris Soares, posteriores à primeira coletânea; depois, foram sendo agregados os esparsos que sucessivos pesquisadores foram levantando.

Entrelaçam-se em sua poesia duas séries de imagens principais: a do "mundo às avessas", do mundo que se desagrega, do apocalipse e, em contraposição, a de um mundo novo, de forma imprecisa, que surge das ruínas, gestado nos monturos. As oito quadras finais do longo poema "Os doentes" sintetizam admiravelmente essas linhas de força: desagregação, ruína, cansaço, cumprindo duplo movimento de destruição – do exterior para o interior e, vice-versa, "de dentro", do "centro" à "periféria".

A ruína vinha horrenda e deletéria
Do subsolo infeliz, vinha de dentro
Da matéria em fusão que ainda há no centro,
Para alcançar depois a periféria!

No mesmo passo, mas no sentido contrário, da decrepitude, surgem "os *movimentos vagos/ Da célula inicial de um Cosmos novo.*"

O letargo larvário da cidade
Crescia. Igual a um parto, numa furna
Vinha da original treva noturna
O vagido de uma outra Humanidade!

O poeta testemunha, "*com um prazer secreto,/ A gestação daquele grande feto,/ Que vinha substituir a Espécie Humana!*"

É uma poesia que transfigura, de maneira alucinatória, a difícil transição histórica e cultural da sociedade brasileira no início deste século; Desmoronavam-se as bases da organização social e econômica "tradicional", esboçava-se o Brasil "moderno".

A ordem "tradicional" assentava no modo de produção escravista colonial, agrário e monocultor, que assumiu, no Nordeste, a forma da chamada "civilização do açúcar", constelada em torno do poder local dos senhores de engenho, avalizado politicamente pela Monarquia.

Abolida a escravidão e proclamada a República, começa o lento e conflituoso movimento de reorganização econômica, política e cultural do país. Cresce a importância das cidades, em processo de industrialização capitalista, cidades para onde afluem contingentes populacionais oriundos da zona rural decadente. Operam-se reformas urbanísticas nas principais capitais: Rio de Janeiro, Recife, São Paulo.

O itinerário pessoal de Augusto dos Anjos guarda curioso paralelismo com as linhas de desenvolvimento do país: depois de uma infância no Engenho Pau d'Arco, na várzea paraibana, desloca-se para estudos na capital do Estado, e depois para o Recife; em seguida, já bacharel em Direito, estabelece-se na capital de seu estado natal, onde exerce o magistério no Liceu Paraibano. Rompido com o então governador João Lopes Machado, que lhe nega um afastamento temporário de funções, migra para o Rio de Janeiro, a capital federal, de onde sai, finalmente, para a cidade mineira de Leopoldina, onde morre meses depois.

Conhece, pois, a decadência do mundo rural de sua infância e, na idade madura, a agitação da cidade moderna, em situação pessoal bastante adversa. Lemos, em suas cartas à mãe, declarações sofridas: define-se como "*um bacharel depenado, antigo professor de província, e possuidor de outros títulos congêneres de desmoralização*", revela estar "*desempregado, com responsabilidades pesadas a [lhe] abarrotarem a alma, vítima de uma desilusão na [sua] própria terra*"; comunica: "*Eu continuo na minha vida áspera rasgando dificuldades.*"

Da infância e adolescência no Engenho Pau d'Arco deixou a imagem da decadência:

> *[...] Agora, em vez de flores,*
> *Os musgos, como exóticos pintores,*
> *Pintam caretas verdes nas taperas [...]*
> *Trôpega e antiga, uma parede doente*
> *Mostra a cara medonha dos buracos.*

O cupim negro broca o âmago fino
Do teto [...]
O lodo obscuro trepa-se nas portas.
Amontoadas em grossos feixes rijos,
As lagartixas dos esconderijos
Estão olhando aquelas coisas mortas!
("Gemidos de arte")

No amplo painel do poema "Os doentes" Augusto dos Anjos acompanha a dinâmica de que resultou a sociedade moderna: a destruição dos indígenas, a "*raça esmagada pela Europa*"; a "*raça negra*" atirada ao "*contubérnio diário das quitandas*" por um "*deus nefando*" que transgrediu a "*igualitária regra da Natureza*"; a marginalização dos doentes, dos ébrios, dos mendigos, das prostitutas...

Mas é desta mesma matéria em desagregação, podre, que há de surgir o "Cosmos novo", que não recebe nenhuma caracterização mais precisa no poema.

Numa "Crônica paudarquense", publicada em *O Comércio*, a 7 de novembro de 1905, Augusto dos Anjos fala de um "*Futuro distante [...] da paz e da confraternidade*", quando "*a Humanidade, assumindo feições idôneas de pureza, realizará [...] o aperfeiçoamento da espécie, porque, nesse tempo, sob a égide da conexão cosmopolita, não terá mais de revolver monturos para mostrar escórias à face escandalosa do Sol*". Essa utopia, no entanto, não aparece dos versos com formulação tão explícita.

A forma de expressão dos poemas é um misto de modernidade e tradicionalismo. Num de seus aspectos guarda, aliás, exata homologia com a caracterização de um bacharel da Escola do Recife de 1906, segundo jornal da época; "*ele que tem na ponta da língua o complicado travejamento do monismo de Haeckel traz presa ao mesmo elo donde cai uma caçoleta com um M em lavores rendilhados, a efígie de uma Nossa Senhora qualquer*".

Em Augusto dos Anjos, o neologismo cientifista combina-se com uma discreta ressonância da linguagem bíblica e das orações da liturgia católica: "Misericordiosíssimo carneiro", por exemplo, recorda o "Agnus Dei", o "Cordeiro de Deus". Em outros poemas a alusão é mais sutil: os "Mistérios de um fósforo", fecho do *Eu*, longa meditação sobre as cinzas, mesclam a visão e a terminologia da ciência com a da meditação cristã, ascética, sobre a Morte, um dos Novíssimos do homem:

Um dia restará, na terra instável,
De minha antropocêntrica matéria
Numa côncava xícara funérea
Uma colher de cinza miserável!

[...] Basta um fósforo só
Para mostrar a incógnita de pó,
Em que todos os seres se resolvem!

[...] eu vejo enfim, com a alma vencida,
Na abjeção embriológica da vida
O futuro de cinza que me aguarda!

Texto escrito, mas de forte apelo oralizante, sua poesia assume com frequência uma "dicção formular", comum à frase feita e ao provérbio, favorecendo a memorização: "*Ah! Um urubu pousou na minha sorte*"; "O *amor na humanidade é uma mentira*"; "*Somente a Ingratidão – esta pantera – /Foi tua companheira inseparável*".

Este modo de forma, combinado ao modo como se identificou com o sofrimento do homem no mundo, um "mundo às avessas" ("O *mundo resignava-se invertido/ Nas forças principais do seu trabalho*") ajudam a compreender a popularidade que vem desfrutando, mesmo ou especialmente entra as camadas semiletradas ou iletradas no Brasil.

FORTUNA CRÍTICA

A produção intelectual de Augusto dos Anjos, bem como outros documentos para o estudo de sua obra estão satisfatoriamente levantados e reunidos em alguns livros, graças ao esforço de sucessivos pesquisadores, que foram acrescentando textos novos à coletânea do *Eu*, de 1912. As contradições mais recentes foram as do final dos anos 70: os poemas e a prosa recolhidos por R. Magalhães Jr. em *Poesia e vida de Augusto dos Anjos* (2ª ed., Rio de Janeiro, Civilização, 1978) e na edição organizada por Zenir Campos Reis, *Augusto dos Anjos: poesia e prosa* (São Paulo, Ática, 1977). Mais de meio século, durante os quais o conhecimento do poeta foi sendo completado, com grandes dificuldades, dada a precariedade de nossas bibliotecas e arquivos.

Os estudos acompanharam, naturalmente, o ritmo dessas revelações. É claro, também, que a apreciação da obra literária é sempre feita a partir da perspectiva possível no momento em que o crítico escreve: as teorias de que dispõe na ocasião, os critérios de avaliação estética e ideológica que adota, segundo suas opções culturais e artísticas.

O leitor comum é menos sensível a essa variação: para ele a literatura tem de interpretar, de algum modo, os problemas que a existência lhe propõe. A literatura tem de apresentar formulações, modos de dizer, de explicar as situações que experimenta.

A fortuna crítica de Augusto dos Anjos tem de ser acompanhada nessas duas linhas: a da crítica especializada e a do consumo público, a chamada popularidade, de que as sucessivas edições, foram o sintoma.

Na época da primeira edição do *Eu* no Rio de Janeiro, 1912, algumas linhas de interpretação já se manifestaram. Uma dizia respeito ao chamado "mau gosto": tratava-se de uma poesia que contrariava o gosto das camadas cultas, que prescreviam o critério do "bom gosto" de então. Entende-se que o fenômeno do "gosto" é variável no tempo, no espaço e nas diferentes camadas sociais.

Outra linha de interpretação insistiria nos elementos formais, de técnica do verso, apontando "acertos" e "falhas", a partir de um ponto de vista normativo, prescritivo: o que é certo ou errado, como se deve ou não se deve escrever. Eram partidários do parnasianismo ou do simbolismo, que percebiam as transgressões do verso de Augusto dos Anjos em relação àquelas correntes.

Chamou particular atenção a linguagem neologizante e de sabor cientificista dos poemas, a ponto de o livro ter sido incorporado à biblioteca da Faculdade de Medicina do Rio de Janeiro.

Em 1913, circulam os *Perfis do Norte*, escritos por Santos Neto em 1910. O livro ofereceria elementos para a crítica biográfica.

Depois, veio a morte de Augusto dos Anjos, em 1914, e a segunda edição do *Eu*, na Paraíba, em 1920, acrescida das *Outras poesias*. O título *Eu e outras poesias* passou a ser adotado nas edições seguintes, até 1961. Organizada e prefaciada por Órris Soares, seu "Elogio de Augusto dos Anjos" ficou incorporado daí por diante à obra do poeta. Nele, oferecia dados biográficos, apontava fontes de influência e transcrevia cento e vinte e oito versos: alguns fragmentos e cinco poemas completos. Era uma pequena antologia que antecipava a obra: numerosos versos eram duplicados e martelados na memória.

Estava definitivamente aberto o caminho para as interpretações biográficas em sentido amplo: psicológicas, psicanalíticas, médicas. Ampliando o âmbito da relação vida-obra, abriu-se também a possibilidade de interpretações sociológicas, embrionárias em Órris Soares, mais explícita em artigo de 1920, de José Oiticica. Também os trabalhos comparativos ganharam novo impulso.

Importância análoga ao de Órris Soares teria o trabalho "O poeta da morte", de Antônio Torres, incorporado às edições de *Eu e outras poesias*, a partir de 1936. Começa com a frase: "*Não venho falar de Baudelaire nem da 'Charogne'.*"

A aproximação Augusto dos Anjos-Baudelaire seria retomada com insistência, valendo lembrar que além da comparação literal – vocabulário, imagens – mais imediata e estática, há uma comparação dinâmica: as interpretações dos dois poetas mudaram e, sabe-se, as interpretações aderem aos versos e, juntas, compõem o perfil de um poeta. Daí a comparação ter também mudado de figura através do tempo.

A popularidade de Augusto dos Anjos começa em 1928, quando saíram, no Rio de Janeiro, duas edições de seu livro, seguida de outra, em São Paulo, em 1929. São do Rio de Janeiro as edições seguintes, 1934 e 1936, a partir dessa última com os dois prefácios-guia, de Órris Soares e Antônio Torres. De 1936 a 1961 saíam edições quase anuais, às vezes duas no mesmo ano. É a fase de mais forte popularidade.

O reconhecimento crítico foi lento: embora incluído em duas então obscuras históricas literárias, em 1937 e 1938, só em 1946 passaria a ser acolhido por um grande nome da poesia moderna, Manuel Bandeira, que até então o tinha ignorado ou rejeitado. Em 1949, foi incluído na *Pequena bibliografia crítica da literatura brasileira*, de Otto Maria Carpeaux; em 1951, Álvaro Lins, um dos críticos de maior prestígio na época, completou-lhe a consagração.

Nos limites deste verbete, não cabe a descrição dos vários trabalhos, mas apenas apontar as principais direções, lembrando o vínculo entre a crítica, as teorias disponíveis, a produção literária assim como o gosto que ela ajuda a formar em cada momento e, finalmente, o trabalho de pesquisa e revelação de novos documentos: toda crítica é datada. É possível que das novas direções metodológicas e dos valores e expectativas mais recentes surjam novas propostas de compreensão, talvez integradoras.

As matrizes da crítica recente podem ser rastreadas desde os primeiros trabalhos: os estudos formais, desenvolvidos depois numa direção estilística ou estruturalista; os estudos de inspiração culturalista ou comparativista, que procuram integrar o poeta e sua obra no contexto literário e cultural mais amplo; os estudos biográficos, tentando captar as relações entre vida e obra; os estudos sociológicos, que pesquisam as condições da produção literária e cultural e seus efeitos na obra; os estudos do problema da recepção estética e da popularidade.

PRINCIPAIS EDIÇÕES

Eu. Rio de Janeiro, s.c.p., 1912.

Eu. Poesias completas. Paraíba do Norte, Imprensa Oficial, 1920.

Eu. Outras poesias. Poemas esquecidos. 30ª ed., Rio de Janeiro, Livraria São José, 1965.

Toda a poesia. 32ª ed., Rio de Janeiro, Paz e Terra, 1976.

Augusto dos Anjos: poesia e prosa (org. Zenir Campos Reis). 33ª ed., São Paulo, Ática, 1977.

BIBLIOGRAFIA CRÍTICA
(selecionada)

COUTINHO, Afrânio e BRAYNER, Sônia (orgs.). *Augusto dos Anjos. Textos críticos.* Brasília, INL, 1973.
GULLAR, Ferreira. "Augusto dos Anjos ou a vida e morte nordestina", em ANJOS, Augusto dos. *Toda a poesia*, citada.
MAGALHÃES JR., Raimundo. *Poesia e vida de Augusto dos Anjos.* Rio de Janeiro, Civilização Brasileira, 1977.
VIDAL, Ademar. *O outro eu de Augusto dos Anjos.* Rio de Janeiro, Livraria José Olympio, 1977.

ZENIR CAMPOS REIS

[Escrito em 1986, como verbete para o *Dicionário da literatura da Paraíba*, e revisto pelo Autor em julho de 1992].

CRONOLOGIA DA VIDA E DA OBRA DE AUGUSTO DOS ANJOS

1884. Nasce a 20 de abril no Engenho Pau d'Arco, no interior do estado da Paraíba, filho do bacharel Alexandre Rodrigues dos Anjos e de dona Córdula Carvalho Rodrigues dos Anjos.

1900. O poeta entra para o Liceu Paraibano. Joaquim Nabuco publica *Minha formação*. Aparecem *Faróis*, de Cruz e Sousa, e *Poesias*, de Alberto de Oliveira. Guimarães Passos escreve o *Hino do quarto centenário do descobrimento do Brasil* e Olavo Bilac compõe a cantata *Brasil*. Elísio de Carvalho traduz os *Poemas* de Oscar Wilde e publica a coletânea de versos líricos *Horas de febre*. Na Europa, morrem Eça de Queirós, Nietszche e Oscar Wilde.

1901. Início da fase simbolista à qual se mesclam alguns traços diluídos do romantismo e do parnasianismo. Dessa fase, Augusto dos Anjos inclui apenas seis poemas (os "Poemas esquecidos") na primeira edição do *Eu**. Afon-

* A divisão da obra de Augusto dos Anjos em fases está em Ferreira Gullar, "Augusto dos Anjos ou a vida e morte nordestina", in Augusto dos Anjos, *Toda a poesia*. Rio de Janeiro, Paz e Terra, 1978, pp. 13-60.

so Celso publica *Por que me ufano de meu país* e José Veríssimo divulga a primeira série dos seus *Estudos de literatura brasileira*. Aparecem também *Helenos* do poeta simbolista B. Lopes e *Rondas noturnas* de Mário Pederneiras. Silvio Romero publica seus *Ensaios de sociologia e literatura*. Santos Dumont ganha em Paris o Prêmio Deutsch pilotando o Dirigível VI.

1902. Aparecem as primeiras composições do poeta no jornal *O Comércio*: "Soneto", em 1º de março, e "Cítara mística", em 10 de março, iniciando uma rica trajetória que incluiria outros jornais paraibanos, entre eles *Terra nata* e *A União*. Olavo Bilac publica *Poesias* e Alphonsus de Guimarães os versos de *Kyriale*. Silvio Romero publica a sua *História da literatura brasileira*. Divulga-se o *Projeto do Código Civil brasileiro* de Clóvis Beviláqua e é lançado em São Paulo o *Manifesto do Partido Socialista Brasileiro*. Na prosa aparecem *Os sertões* de Euclides da Cunha e *Canaã* de Graça Aranha. Émile Zola falece em Paris.

1905-6. Início da fase de produção madura em que o poeta vai transfigurando os temas mais próximos da experiência do cotidiano ("Poema negro", "*Mystica visio*", "Canto íntimo", "A ilha de Cipango", etc.). Reúne-se no Rio de Janeiro o Primeiro Congresso Operário Brasileiro. Silvio Romero recepciona Euclides da Cunha na Academia Brasileira de Letras e Olavo Bilac publica *Conferências literárias*. Morre o dramaturgo Henri Ibsen.

1907. Augusto dos Anjos matricula-se na Faculdade de Direito do Recife. José Veríssimo publica O *que é literatura?* e Elísio de Carvalho *As modernas correntes estéticas na literatura brasileira*. Enrico Ferri profere em São Paulo a conferência *Do micróbio ao homem* e Medeiros e Albuquerque apresenta à Academia Brasileira de Letras um projeto de simplificação ortográfica da língua portuguesa duramente criticado pelos acadêmicos Rui Barbosa e Silvio Romero. Rui Barbosa representa o Brasil na Segunda Conferência de Paz reunida em Haia e é publicado no Rio de Janeiro o livro *Contrastes e confrontos* de Euclides da Cunha.

1908. Augusto dos Anjos é admitido como professor de Literatura no Liceu Paraibano. Realiza-se no Rio de Janeiro a Exposição Nacional comemorativa do centenário da abertura dos portos brasileiros ao comércio exterior. Alberto Nepomuceno organiza e dirige os concertos sinfônicos que introduzem no Brasil a obra musical de Debussy, Paul Dukas e outros. João do Rio publica *O monumento literário* e Antônio Picarolo lança *O socialismo no Brasil*. Euclides da Cunha escreve o prefácio dos *Poemas e canções* de Vicente de Carvalho lançados nesse ano. Hermes Fontes estreia com o volume de versos *Apoteoses*. Dois meses depois de ver publicado o *Memorial de Aires*, Machado de Assis morre no Rio de Janeiro.

1910. O poeta se casa com dona Ester Fialho e desliga-se do Liceu Paraibano por intransigência do governador João Machado. Viaja para o Rio de Janeiro, onde chega no mês de outubro. Inaugura-se o edifício da Biblioteca Nacional na Avenida Rio Branco e Natale Ruggerone decola com um avião monomotor da pista do hipódromo da Mooca em São Paulo aplaudido por grande multidão. Jackson de Figueiredo publica *Zíngaros*, livro de versos na linha do parnasianismo-simbolismo e João do Rio é eleito para a Academia Brasileira de Letras na qual é recebido por Coelho Neto. Rui Barbosa escreve *Contra o militarismo* e Augusto de Lima divulga a *Plataforma política do marechal Hermes da Fonseca*, acirrando a campanha pela sucessão presidencial.

1911. Augusto dos Anjos assume o cargo de professor de Geografia na Escola Normal e no Colégio Pedro II, em substituição a João Coelho Lisboa. O *Malazarte* de Graça Aranha é levado à cena no *Théâtre de L'Oeuvre* de Paris. Silvio Romero publica o seu *Quadro sintético da evolução dos gêneros na literatura brasileira* e Alberto de Oliveira organiza a antologia *Páginas de ouro e poesia brasileira*. Vicente de Carvalho é eleito para a Academia. João do Rio publica *Psicologia urbana*. José Oiticica estreia com a primeira série dos *Sonetos*, Rocha Pombo publica *Contos e pontos* e Emiliano Perneta lança *Ilusões*.

1912. Publicação do volume de versos *Eu* em edição financiada pelo poeta e seu irmão Odilon dos Anjos. Nasce sua filha Glória. Inaugura-se o Teatro Municipal de São Paulo e desenvolve-se no Rio de Janeiro, no edifício da

Biblioteca Nacional, o ciclo de conferências sobre *Nacionalidade Brasileira*, da qual participam entre outros Afonso Celso, Juliano Moreira, Pandiá Calógeras, José Veríssimo e Oliveira Lima. Reúne-se no Palácio Monroe do Rio de Janeiro o Quarto Congresso Brasileiro para discutir as soluções nacionais para o desenvolvimento. Termina a construção da ferrovia Madeira-Mamoré. Na linha do regionalismo surgem os *Contos gauchescos* de Simões Lopes Neto, *Terra de sol* de Gustavo Barroso, *Poemas bravios* de Catulo da Paixão Cearense e *Versos* de Cornélio Pires. Duque Estrada escreve a letra do *Hino Nacional Brasileiro*.

1913. Nascimento do filho Guilherme Augusto dos Anjos, no Rio de Janeiro. Instala-se no Instituto Histórico e Geográfico a Escola de Altos Estudos com cursos ministrados por Alberto Rangel, Aurelino Leal, Artur Pinto da Rocha. Lima Barreto adere ao anarquismo em artigo publicado no jornal *A Voz do Trabalhador*. Roquete Pinto fala sobre os *Aborígenes e etnógrafos* nos salões da Biblioteca Nacional e Coelho Neto publica o *Compêndio de literatura brasileira*. Funda-se o Centro Cosmopolita do Rio de Janeiro. Guimarães Passos publica o *Dicionário de rimas*. Estreiam Menotti del Picchia com *Poemas do vício e da virtude* e Ronald de Carvalho com o *Luz gloriosa*. Olavo Bilac e Manuel Bonfim divulgam *Através do Brasil*.

1914. O poeta é nomeado diretor do Grupo Escolar Ribeiro Junqueira em Leopoldina, Minas

Gerais, onde vem a falecer a 12 de novembro, poucos dias depois de ter assumido o cargo. Primeira exibição pública do *kinetophone* no cine *Pathé* na Avenida Central. Eclode a Primeira Guerra Mundial. José Oiticica funda no Rio de Janeiro a revista *A Vida* com Francisco Viotti. Aparece o volume *Inferno verde* de Alberto Rangel e Jorge de Lima estreia com *XIV alexandrinos*, Alberto Torres publica O *problema nacional brasileiro*. Morre Silvio Romero.

EU

MONÓLOGO DE UMA SOMBRA

"Sou uma Sombra! Venho de outras eras,
Do cosmopolitismo das moneras...
Pólipo de recônditas reentrâncias,
Larva de caos telúrico, procedo
Da escuridão do cósmico segredo,
Da substância de todas as substâncias!

A simbiose das coisas me equilibra.
Em minha ignota mônada, ampla, vibra
A alma dos movimentos rotatórios...
E é de mim que decorrem, simultâneas,
A saúde das forças subterrâneas
E a morbidez dos seres ilusórios!

Pairando acima dos mundanos tetos,
Não conheço o acidente da *Senectus*
– Esta universitária sanguessuga
Que produz, sem dispêndio algum de vírus,
O amarelecimento do papirus
E a miséria anatômica da ruga!

Na existência social, possuo uma arma
– O metafisicismo de Abidarma –
E trago, sem bramânicas tesouras,
Como um dorso de azêmola passiva,
A solidariedade subjetiva
De todas as espécies sofredoras.

Com um pouco de saliva quotidiana
Mostro meu nojo à Natureza Humana.
A podridão me serve de Evangelho...
Amo o esterco, os resíduos ruins dos quiosques
E o animal inferior que urra nos bosques
É com certeza meu irmão mais velho!

Tal qual quem para o próprio túmulo olha,
Amarguradamente se me antolha,
À luz do americano plenilúnio,
Na alma crepuscular de minha raça
Como uma vocação para a Desgraça
E um tropismo ancestral para o Infortúnio.

Aí vem sujo, a coçar chagas plebeias,
Trazendo no deserto das ideias
O desespero endêmico do inferno,
Com a cara hirta, tatuada de fuligens
Esse mineiro doido das origens,
Que se chama o Filósofo Moderno!

Quis compreender, quebrando estéreis normas,
A vida fenomênica das Formas,
Que, iguais a fogos passageiros, luzem...
E apenas encontrou na ideia gasta,
O horror dessa mecânica nefasta,
A que todas as coisas se reduzem!

E hão de achá-lo, amanhã, bestas agrestes,
Sobre a esteira sarcófaga das pestes
A mostrar, já nos últimos momentos,
Como quem se submete a uma charqueada,
Ao clarão tropical da luz danada,
O espólio dos seus dedos peçonhentos.

Tal a finalidade dos estames!
Mas ele viverá, rotos os liames
Dessa estranguladora lei que aperta
Todos os agregados perecíveis,
Nas eterizações indefiníveis
Da energia intra-atômica liberta!

Será calor, causa ubíqua de gozo,
Raio X, magnetismo misterioso,
Quimiotaxia, ondulação aérea,
Fonte de repulsões e de prazeres,
Sonoridade potencial dos seres,
Estrangulada dentro da matéria!

E o que ele foi: clavículas, abdômen,
O coração, a boca, em síntese, o Homem,
– Engrenagem de vísceras vulgares –
Os dedos carregados de peçonha,
Tudo coube na lógica medonha
Dos apodrecimentos musculares!

A desarrumação dos intestinos
Assombra! Vede-a! Os vermes assassinos
Dentro daquela massa que o húmus come,
Numa glutoneria hedionda, brincam,
Como as cadelas que as dentuças trincam
No espasmo fisiológico da fome.

É uma trágica festa emocionante!
A bacteriologia inventariante
Toma conta do corpo que apodrece...
E até os membros da família engulham,
Vendo as larvas malignas que se embrulham
No cadáver malsão, fazendo um *s*.

E foi então para isto que esse doudo
Estragou o vibrátil plasma todo,
À guisa de um faquir, pelos cenóbios?!...
Num suicídio graduado, consumir-se,
E após tantas vigílias, reduzir-se
À herança miserável de micróbios!

Estoutro agora é o sátiro peralta
Que o sensualismo sodomista exalta,
Nutrindo sua infâmia a leite e a trigo...
Como que, em suas células vilíssimas,
Há estratificações requintadíssimas
De uma animalidade sem castigo.

Brancas bacantes bêbedas o beijam.
Suas artérias hírcicas latejam,
Sentindo o odor das carnações abstêmias,
E à noite, vai gozar, ébrio de vício,
No sombrio bazar do meretrício,
O cuspo afrodisíaco das fêmeas.

No horror de sua anômala nevrose,
Toda a sensualidade da simbiose,
Uivando, à noite, em lúbricos arroubos,
Como no babilônico *sansara*,
Lembra a fome incoercível que escancara
A mucosa carnívora dos lobos.

Sôfrego, o monstro as vítimas aguarda.
Negra paixão congênita, bastarda,
Do seu zooplasma ofídico resulta...
E explode, igual à luz que o ar acomete,
Com a veemência mavórtica do aríete
E os arremessos de uma catapulta.

Mas muitas vezes, quando a noite avança,
Hirto, observa através a tênue trança
Dos filamentos fluídicos de um halo
A destra descarnada de um duende,
Que, tateando nas tênebras, se estende
Dentro da noite má, para agarrá-lo!

Cresce-lhe a intracefálica tortura,
E de su'alma na caverna escura,
Fazendo ultraepiléticos esforços,
Acorda, com os candeeiros apagados,
Numa coreografia de danados,
A família alarmada dos remorsos.

É o despertar de um povo subterrâneo!
É a fauna cavernícola do crânio
– Macbeths da patológica vigília,
Mostrando, em rembrandtescas telas várias,
As incestuosidades sanguinárias
Que ele tem praticado na família.

As alucinações tácteis pululam.
Sente que megatérios o estrangulam...
A asa negra das moscas o horroriza;
E autopsiando a amaríssima existência
Encontra um cancro assíduo na consciência
E três manchas de sangue na camisa!

Míngua-se o combustível da lanterna
E a consciência do sátiro se inferna,
Reconhecendo, bêbedo de sono,
Na própria ânsia dionísica do gozo,
Essa necessidade de *horroroso*,
Que é talvez propriedade do carbono!

Ah! Dentro de toda a alma existe a prova
De que a dor como um dartro se renova,
Quando o prazer barbaramente a ataca...
Assim também, observa a ciência crua,
Dentro da elipse ignívoma da lua
A realidade de uma esfera opaca.

Somente a Arte, esculpindo a humana mágoa,
Abranda as rochas rígidas, torna água
Todo o fogo telúrico profundo
E reduz, sem que, entanto, a desintegre,
À condição de uma planície alegre,
A aspereza orográfica do mundo!

Provo desta maneira ao mundo odiento
Pelas grandes razões do sentimento,
Sem os métodos da abstrusa ciência fria
E os trovões gritadores da dialética,
Que a mais alta expressão da dor estética
Consiste essencialmente na alegria.

Continua o martírio das criaturas:
– O homicídio nas vielas mais escuras,
– O ferido que a hostil gleba atra escarva,
– O último solilóquio dos suicidas –
E eu sinto a dor de todas essas vidas
Em minha vida anônima de larva!"

Disse isto a Sombra. E, ouvindo estes vocábulos,
Da luz da lua aos pálidos venábulos,
Na ânsia de um nervosíssimo entusiasmo,
Julgava ouvir monótonas corujas,
Executando, entre caveiras sujas,
A orquestra arrepiadora do sarcasmo!

Era a elegia panteísta do Universo,
Na podridão do sangue humano imerso,
Prostituído talvez, em suas bases...
Era a canção da Natureza exausta,
Chorando e rindo na ironia infausta
Da incoerência infernal daquelas frases.

E o turbilhão de tais fonemas acres
Trovejando grandíloquos massacres,
Há de ferir-me as auditivas portas,
Até que minha efêmera cabeça
Reverta à quietação da treva espessa
E à palidez das fotosferas mortas!

AGONIA DE UM FILÓSOFO

Consulto o Phtah-Hotep. Leio o obsoleto
Rig-Veda. E, ante obras tais, me não consolo...
O Inconsciente me assombra e eu nele rolo
Com a eólica fúria do harmatã inquieto!

Assisto agora à morte de um inseto!...
Ah! todos os fenômenos do solo
Parecem realizar de polo a polo
O ideal de Anaximandro de Mileto!

No hierático areópago heterogêneo
Das ideias, percorro como um gênio
Desde a alma de Haeckel à alma cenobial!...

Rasgo dos mundos o velário espesso;
E em tudo, igual a Goethe, reconheço
O império da *substância universal*!

O MORCEGO

Meia-noite. Ao meu quarto me recolho.
Meu Deus! E este morcego! E, agora, vede:
Na bruta ardência orgânica da sede,
Morde-me a goela ígneo e escaldante molho.

"Vou mandar levantar outra parede..."
– Digo. Ergo-me a tremer. Fecho o ferrolho
E olho o teto. E vejo-o ainda, igual a um olho,
Circularmente sobre a minha rede!

Pego de um pau. Esforços faço. Chego
A tocá-lo. Minh'alma se concentra.
Que ventre produziu tão feio parto?!

A Consciência Humana é este morcego!
Por mais que a gente faça, à noite, ele entra
Imperceptivelmente em nosso quarto!

PSICOLOGIA DE UM VENCIDO

Eu, filho do carbono e do amoníaco,
Monstro de escuridão e rutilância,
Sofro, desde a epigênese da infância,
A influência má dos signos do zodíaco.

Profundissimamente hipocondríaco,
Este ambiente me causa repugnância...
Sobe-me à boca uma ânsia análoga à ânsia
Que se escapa da boca de um cardíaco.

Já o verme – este operário das ruínas –
Que o sangue podre das carnificinas
Come, e à vida em geral declara guerra,

Anda a espreitar meus olhos para roê-los,
E há de deixar-me apenas os cabelos,
Na frialdade inorgânica da terra!

A IDEIA

De onde ela vem?! De que matéria bruta
Vem essa luz que sobre as nebulosas
Cai de incógnitas criptas misteriosas
Como as estalactites duma gruta?!

Vem da psicogenética e alta luta
Do feixe de moléculas nervosas,
Que, em desintegrações maravilhosas,
Delibera, e depois, quer e executa!

Vem do encéfalo absconso que a constringe,
Chega em seguida às cordas do laringe,
Tísica, tênue, mínima, raquítica...

Quebra a força centrípeta que a amarra,
Mas, de repente, e quase morta, esbarra
No molambo da língua paralítica!

O LÁZARO DA PÁTRIA

Filho podre de antigos Goitacases,
Em qualquer parte onde a cabeça ponha,
Deixa circunferências de peçonha,
Marcas oriundas de úlceras e antrazes.

Todos os cinocéfalos vorazes
Cheiram seu corpo. À noite, quando sonha,
Sente no tórax a pressão medonha
Do bruto embate férreo das tenazes.

Mostra aos montes e aos rígidos rochedos
A hedionda elefantíase dos dedos...
Há um cansaço no Cosmos... Anoitece.

Riem as meretrizes no Cassino,
E o Lázaro caminha em seu destino
Para um fim que ele mesmo desconhece!

IDEALIZAÇÃO DA HUMANIDADE FUTURA

Rugia nos meus centros cerebrais
A multidão dos séculos futuros
– Homens que a herança de ímpetos impuros
Tornara etnicamente irracionais!

Não sei que livro, em letras garrafais,
Meus olhos liam! No húmus dos monturos,
Realizavam-se os partos mais obscuros,
Dentre as genealogias animais!

Como quem esmigalha protozoários
Meti todos os dedos mercenários
Na consciência daquela multidão...

E, em vez de achar a luz que os Céus inflama,
Somente achei moléculas de lama
E a mosca alegre da putrefação!

SONETO

Ao meu primeiro filho nascido
morto com 7 meses incompletos.

2 fevereiro 1911.

Agregado infeliz de sangue e cal,
Fruto rubro de carne agonizante,
Fruto da grande força fecundante
De minha brônzea trama neuronial,

Que poder embriológico fatal
Destruiu, com a sinergia de um gigante,
Em tua *morfogênese* de infante
A minha *morfogênese* ancestral?!

Porção de minha plásmica substância,
Em que lugar irás passar a infância,
Tragicamente anônimo, a feder?!

Ah! Possas tu dormir, feto esquecido,
Panteisticamente dissolvido
Na *noumenalidade* do NÃO SER!

VERSOS A UM CÃO

Que força pôde adstrita a embriões informes,
Tua garganta estúpida arrancar
Do segredo da célula ovular
Para latir nas solidões enormes?!

Esta obnóxia inconsciência, em que tu dormes,
Suficientíssima é, para provar
A incógnita alma, avoenga e elementar
Dos teus antepassados vermiformes.

Cão! – Alma de inferior rapsodo errante!
Resigna-a, ampara-a, arrima-a, afaga-a, acode-a
A escala dos latidos ancestrais...

E irá assim, pelos séculos, adiante,
Latindo a esquisitíssima prosódia
Da angústia hereditária dos seus pais!

O DEUS-VERME

Fator universal do transformismo.
Filho da teleológica matéria,
Na superabundância ou na miséria,
Verme – é o seu nome obscuro de batismo.

Jamais emprega o acérrimo exorcismo
Em sua diária ocupação funérea,
E vive em contubérnio com a bactéria,
Livre das roupas do antropomorfismo.

Almoça a podridão das drupas agras,
Janta hidrópicos, roí vísceras magras
E dos defuntos novos incha a mão...

Ah! Para ele é que a carne podre fica,
E no inventário da matéria rica
Cabe aos seus filhos a maior porção!

DEBAIXO DO TAMARINDO

No tempo de meu Pai, sob estes galhos,
Como uma vela fúnebre de cera,
Chorei bilhões de vezes com a canseira
De inexorabilíssimos trabalhos!

Hoje, esta árvore, de amplos agasalhos,
Guarda, como uma caixa derradeira,
O passado da Flora Brasileira
E a paleontologia dos Carvalhos!

Quando pararem todos os relógios
De minha vida, e a voz dos necrológios
Gritar nos noticiários que eu morri,

Voltando à pátria da homogeneidade,
Abraçada com a própria Eternidade
A minha sombra há de ficar aqui!

AS CISMAS DO DESTINO

I

Recife. Ponte Buarque de Macedo.
Eu, indo em direção à casa do Agra,
Assombrado com a minha sombra magra,
Pensava no Destino, e tinha medo!

Na austera abóbada alta o fósforo alvo
Das estrelas luzia... O calçamento
Sáxeo, de asfalto rijo, atro e vidrento,
Copiava a polidez de um crânio calvo.

Lembro-me bem. A ponte era comprida,
E a minha sombra enorme enchia a ponte,
Como uma pele de rinoceronte
Estendida por toda a minha vida!

A noite fecundava o ovo dos vícios
Animais. Do carvão da treva imensa
Caía um ar danado de doença
Sobre a cara geral dos edifícios!

Tal uma horda feroz de cães famintos,
Atravessando uma estação deserta,
Uivava dentro do *eu*, com a boca aberta,
A matilha espantada dos instintos!

Era como se, na alma da cidade,
Profundamente lúbrica e revolta,
Mostrando as carnes, uma besta solta
Soltasse o berro da animalidade.

E aprofundando o raciocínio obscuro,
Eu vi, então, à luz de áureos reflexos,
O trabalho genésico dos sexos,
Fazendo à noite os homens do Futuro.

Livres de microscópios e escalpelos,
Dançavam, parodiando saraus cínicos,
Bilhões de *centrossomas* apolínicos
Na câmara promíscua do *vitellus*.

Mas, a irritar-me os globos oculares,
Apregoando e alardeando a cor nojenta,
Fetos magros, ainda na placenta,
Estendiam-me as mãos rudimentares!

Mostravam-me o apriorismo incognoscível
Dessa fatalidade igualitária,
Que fez minha família originária
Do antro daquela fábrica terrível!

A corrente atmosférica mais forte
Zunia. E, na ígnea crosta do Cruzeiro,
Julgava eu ver o fúnebre candieiro
Que há de me alumiar na hora da morte.

Ninguém compreendia o meu soluço,
Nem mesmo Deus! Da roupa pelas brechas,
O vento bravo me atirava flechas
E aplicações hiemais de gelo russo.

A vingança dos mundos astronômicos
Enviava à terra extraordinária faca,
Posta em rija adesão de goma-laca
Sobre os meus elementos anatômicos.

Ah! Com certeza, Deus me castigava!
Por toda a parte, como um réu confesso,
Havia um juiz que lia o meu processo
E uma forca especial que me esperava!

Mas o vento cessara por instantes
Ou, pelo menos, o *ignis sapiens* do Orco
Abafava-me o peito arqueado e porco
Num núcleo de substâncias abrasantes.

É bem possível que eu um dia cegue.
No ardor desta letal tórrida zona,
A cor do sangue é a cor que me impressiona
E a que mais neste mundo me persegue!

Essa obsessão cromática me abate.
Não sei por que me vêm sempre à lembrança
O estômago esfaqueado de uma criança
E um pedaço de víscera escarlate.

Quisera qualquer coisa provisória
Que a minha cerebral caverna entrasse,
E até ao fim, cortasse e recortasse
A faculdade aziaga da memória.

Na ascensão barométrica da calma,
Eu bem sabia, ansiado e contrafeito,
Que uma população doente do peito
Tossia sem remédio na minh'alma!

E o cuspo que essa hereditária tosse
Golfava, à guisa de ácido resíduo,
Não era o cuspo só de um indivíduo
Minado pela tísica precoce.

Não! Não era o meu cuspo, com certeza
Era a expectoração pútrida e crassa
Dos brônquios pulmonares de uma raça
Que violou as leis da Natureza!

Era antes uma tosse ubíqua, estranha,
Igual ao ruído de um calhau redondo
Arremessado no apogeu do estrondo,
Pelos fundibulários da montanha!

E a saliva daqueles infelizes
Inchava, em minha boca, de tal arte,
Que eu, para não cuspir por toda a parte,
Ia engolindo, aos poucos, a hemoptísis!

Na alta alucinação de minhas cismas
O microcosmos líquido da gota
Tinha a abundância de uma artéria rota,
Arrebentada pelos aneurismas.

Chegou-me o estado máximo da mágoa!
Duas, três, quatro, cinco, seis e sete
Vezes que eu me furei com um canivete,
A hemoglobina vinha cheia de água!

Cuspo, cujas caudais meus beiços regam,
Sob a forma de mínimas camândulas,
Benditas sejam todas essas glândulas,
Que, quotidianamente, te segregam!

Escarrar de um abismo noutro abismo,
Mandando ao Céu o fumo de um cigarro,
Há mais filosofia neste escarro
Do que em toda a moral do cristianismo!

Porque, se no orbe oval que os meus pés tocam
Eu não deixasse o meu cuspo carrasco,
Jamais exprimiria o acérrimo asco
Que os canalhas do mundo me provocam!

II

Foi no horror dessa noite tão funérea
Que eu descobri, maior talvez que Vinci,
Com a força visualística do lince,
A falta de unidade na matéria!

Os esqueletos desarticulados,
Livres do acre fedor das carnes mortas,
Rodopiavam, com as brancas tíbias tortas,
Numa dança de números quebrados!

Todas as divindades malfazejas,
Siva e Arimã, os duendes, o In e os trasgos,
Imitando o barulho dos engasgos,
Davam pancadas no adro das igrejas.

Nessa hora de monólogos sublimes,
A companhia dos ladrões da noite,
Buscando uma taverna que os açoite,
Vai pela escuridão pensando crimes.

Perpetravam-se os atos mais funestos,
E o luar, da cor de um doente de icterícia,
Iluminava, a rir, sem pudicícia,
A camisa vermelha dos incestos.

Ninguém, de certo, estava ali, a espiar-me,
Mas um lampião, lembrava ante o meu rosto,
Um sugestionador olho, ali posto
De propósito, para hipnotizar-me!

Em tudo, então, meus olhos distinguiram
Da miniatura singular de uma aspa,
À anatomia mínima da caspa,
Embriões de mundos que não progrediram!

Pois quem não vê aí, em qualquer rua,
Com a fina nitidez de um claro jorro,
Na paciência budista do cachorro
A alma embrionária que não continua?!

Ser cachorro! Ganir incompreendidos
Verbos! Querer dizer-nos que não finge,
E a palavra embrulhar-se no laringe,
Escapando-se apenas em latidos!

Despir a putrescível forma tosca,
Na atra dissolução que tudo inverte,
Deixar cair sobre a barriga inerte
O apetite necrófago da mosca!

A alma dos animais! Pego-a, distingo-a,
Acho-a nesse interior duelo secreto
Entre a ânsia de um vocábulo completo
E uma expressão que não chegou à língua!

Surpreendo-a em quatrilhões de corpos vivos,
Nos antiperistálticos abalos
Que produzem nos bois e nos cavalos
A contração dos gritos instintivos!

Tempo viria, em que, daquele horrendo
Caos de corpos orgânicos disformes
Rebentariam cérebros enormes,
Como bolhas febris de água, fervendo!

Nessa época que os sábios não ensinam,
A pedra dura, os montes argilosos
Criariam feixes de cordões nervosos
E o neuroplasma dos que raciocinam!

Almas pigmeias! Deus subjuga-as, cinge-as
À imperfeição! Mas vem o Tempo, e vence-O,
E o meu sonho crescia no silêncio,
Maior que as epopeias carolíngias!

Era a revolta trágica dos tipos
Ontogênicos mais elementares,
Desde os foraminíferos dos mares
À grei liliputiana dos pólipos.

Todos os personagens da tragédia,
Cansados de viver na paz de Buda,
Pareciam pedir com a boca muda
A ganglionária célula intermédia.

A planta que a canícula ígnea torra,
E as coisas inorgânicas mais nulas
Apregoavam encéfalos, medulas
Na alegria guerreira da desforra!

Os protistas e o obscuro acervo rijo
Dos espongiários e dos infusórios
Recebiam com os seus órgãos sensórios
O triunfo emocional do regozijo!

E apesar de já ser assim tão tarde,
Aquela humanidade parasita,
Como um bicho inferior, berrava, aflita,
No meu temperamento de covarde!

Mas, refletindo, a sós, sobre o meu caso,
Vi que, igual a um amniota subterrâneo,
Jazia atravessada no meu crânio
A intercessão fatídica do atraso!

A hipótese genial do *microzima*
Me estrangulava o pensamento guapo,
E eu me encolhia todo como um sapo
Que tem um peso incômodo por cima!

Nas agonias do *delirium-tremens,*
Os bêbedos alvares que me olhavam,
Com os copos cheios esterilizavam
A substância prolífica dos semens!

Enterravam as mãos dentro das goelas,
E sacudidos de um tremor indômito
Expeliam, na dor forte do vômito,
Um conjunto de gosmas amarelas.

Iam depois dormir nos lupanares
Onde, na glória da concupiscência,
Depositavam quase sem consciência
As derradeiras forças musculares.

Fabricavam destarte os blastodermas,
Em cujo repugnante receptáculo
Minha perscrutação via o espetáculo
De uma progênie idiota de palermas.

Prostituição ou outro qualquer nome,
Por tua causa, embora o homem te aceite,
É que as mulheres ruins ficam sem leite
E os meninos sem pai morrem de fome!

Por que há de haver aqui tantos enterros?
Lá no "Engenho" também, a morte é ingrata...
Há o malvado carbúnculo que mata
A sociedade infante dos bezerros!

Quantas moças que o túmulo reclama!
E após a podridão de tantas moças,
Os porcos espojando-se nas poças
Da virgindade reduzida à lama!

Morte, ponto final da última cena,
Forma difusa da matéria imbele,
Minha filosofia te repele,
Meu raciocínio enorme te condena!

Diante de ti, nas catedrais mais ricas,
Rolam sem eficácia os amuletos,
Oh! Senhora dos nossos esqueletos
E das caveiras diárias que fabricas!

E eu desejava ter, numa ânsia rara,
Ao pensar nas pessoas que perdera,
A inconsciência das máscaras de cera
Que a gente prega, com um cordão, na cara!

Era um sonho ladrão de submergir-me
Na vida universal, e, em tudo imerso,
Fazer da parte abstrata do Universo,
Minha morada equilibrada e firme!

Nisto, pior que o remorso do assassino,
Reboou, tal qual, num fundo de caverna,
Numa impressionadora voz interna,
O eco particular do meu Destino:

III

"Homem! por mais que a Ideia desintegres,
Nessas perquisições que não têm pausa,
Jamais, magro homem, saberás a causa
De todos os fenômenos alegres!

Em vão, com a bronca enxada árdega, sondas
A estéril terra, e a hialina lâmpada oca,
Trazes, por perscrutar (oh! ciência louca!)
O conteúdo das lágrimas hediondas.

Negro e sem fim é esse em que te mergulhas
Lugar do Cosmos, onde a dor infrene
É feita como é feito o querosene
Nos recôncavos úmidos das hulhas!

Porque, para que a Dor perscrutes, fora
Mister que, não como és, em síntese, antes
Fosses, a refletir teus semelhantes,
A própria humanidade sofredora!

A universal complexidade é que Ela
Compreende. E se, por vezes, se divide,
Mesmo ainda assim, seu todo não reside
No quociente isolado da parcela!

Ah! Como o ar imortal a Dor não finda!
Das papilas nervosas que há nos tatos
Veio e vai desde os tempos mais transatos
Para outros tempos que hão de vir ainda!

Como o machucamento das insônias
Te estraga, quando toda a estuada Ideia
Dás ao sôfrego estudo da ninfeia
E de outras plantas dicotiledôneas!

A diáfana água alvíssima e a hórrida áscua
Que da ígnea flama bruta, estriada, espirra;
A formação molecular da mirra,
O cordeiro simbólico da Páscoa;

As rebeladas cóleras que rugem
No homem civilizado, e a ele se prendem
Como às pulseiras que os mascates vendem
A aderência teimosa da ferrugem;

O orbe feraz que bastos tojos acres
Produz; a rebelião que, na batalha,
Deixa os homens deitados, sem mortalha,
Na sangueira concreta dos massacres;

Os sanguinolentíssimos chicotes
Da hemorragia; as nódoas mais espessas,
O achatamento ignóbil das cabeças,
Que ainda degrada os povos hotentotes;

O Amor e a Fome, a fera ultriz que o fojo
Entra, à espera que a mansa vítima o entre,
– Tudo que gera no materno ventre
A causa fisiológica do nojo;

As pálpebras inchadas na vigília,
As aves moças que perderam a asa,
O fogão apagado de uma casa,
Onde morreu o chefe da família;

O trem particular que um corpo arrasta
Sinistramente pela via férrea,
A cristalização da massa térrea,
O tecido da roupa que se gasta;

A água arbitrária que hiulcos caules grossos
Carrega e come; as negras formas feias
Dos aracnídeos e das centopeias,
O fogo-fátuo que ilumina os ossos;

As projeções flamívomas que ofuscam,
Como uma pincelada rembrandtesca,
A sensação que uma coalhada fresca
Transmite às mãos nervosas dos que a buscam;

O antagonismo de Tifon e Osíris,
O homem grande oprimindo o homem pequeno,
A lua falsa de um parasseleno,
A mentira meteórica do arco-íris;

Os terremotos que, abalando os solos,
Lembram paióis de pólvora explodindo,
A rotação dos fluidos produzindo
A depressão geológica dos polos;

O instinto de procriar, a ânsia legítima
Da alma, afrontando ovante aziagos riscos,
O juramento dos guerreiros priscos
Metendo as mãos nas glândulas da vítima;

As diferenciações que o psicoplasma
Humano sofre na mania mística,
A pesada opressão característica
Dos 10 minutos de um acesso de asma;

E, (conquanto contra isto ódios regougues)
A utilidade fúnebre da corda
Que arrasta a rês, depois que a rês engorda,
À morte desgraçada dos açougues...

Tudo isto que o terráqueo abismo encerra
Forma a complicação desse barulho
Travado entre o dragão do humano orgulho
E as forças inorgânicas da terra!

Por descobrir tudo isso, embalde cansas!
Ignoto é o gérmen dessa força ativa
Que engendra, em cada célula passiva,
A heterogeneidade das mudanças!

Poeta, feto malsão, criado com os sucos
De um leite mau, carnívoro asqueroso,
Gerado no atavismo monstruoso
Da alma desordenada dos malucos;

Última das criaturas inferiores
Governada por átomos mesquinhos,
Teu pé mata a uberdade dos caminhos
E esteriliza os ventres geradores!

O áspero mal que a tudo, em torno, trazes,
Análogo é ao que, negro e a seu turno,
Traz o ávido filóstomo noturno
Ao sangue dos mamíferos vorazes!

Ah! Por mais que, com o espírito, trabalhes
A perfeição dos seres existentes,
Hás de mostrar a cárie dos teus dentes
Na anatomia horrenda dos detalhes!

O Espaço – esta abstração spencereana
Que abrange as relações de coexistência
É só! Não tem nenhuma dependência
Com as vértebras mortais da espécie humana!

As radiantes elipses que as estrelas
Traçam, e ao espectador falsas se antolham
São verdades de luz que os homens olham
Sem poder, no entretanto, compreendê-las.

Em vão, com a mão corrupta, outro éter pedes
Que essa mão, de esqueléticas falanges,
Dentro dessa água que com a vista abranges,
Também prova o princípio de Arquimedes!

A fadiga feroz que te esbordoa
Há de deixar-te essa medonha marca,
Que, nos corpos inchados de anasarca,
Deixam os dedos de qualquer pessoa!

Nem terás no trabalho que tiveste
A misericordiosa toalha amiga,
Que afaga os homens doentes de bexiga
E enxuga, à noite, as pústulas da peste!

Quando chegar depois a hora tranquila,
Tu serás arrastado, na carreira,
Como um cepo inconsciente de madeira
Na evolução orgânica da argila!

Um dia comparado com um milênio
Seja, pois, o teu último Evangelho...
É a evolução do novo para o velho
E do homogêneo para o heterogêneo!

Adeus! Fica-te aí, com o abdômen largo
A apodrecer!... És poeira, e embalde vibras!
O corvo que comer as tuas fibras
Há de achar nelas um sabor amargo!"

IV

Calou-se a voz. A noite era funesta.
E os queixos, a exibir trismos danados,
Eu puxava os cabelos desgrenhados
Como o rei Lear, no meio da floresta!

Maldizia, com apóstrofes veementes,
No estentor de mil línguas insurretas,
O convencionalismo das Pandetas
E os textos maus dos códigos recentes!

Minha imaginação atormentada
Paria absurdos... Como diabos juntos,
Perseguiam-me os olhos dos defuntos
Com a carne da esclerótica esverdeada.

Secara a clorofila das lavouras.
Igual aos sustenidos de uma endecha
Vinha-me às cordas glóticas a queixa
Das coletividades sofredoras.

O mundo resignava-se invertido
Nas forças principais do seu trabalho...
A gravidade era um princípio falho,
A análise espectral tinha mentido!

O Estado, a Associação, os Municípios
Eram mortos. De todo aquele mundo
Restava um mecanismo moribundo
E uma teleologia sem princípios.

Eu queria correr, ir para o inferno,
Para que, da psique no oculto jogo,
Morressem sufocadas pelo fogo
Todas as impressões do mundo externo!

Mas a Terra negava-me o equilíbrio...
Na Natureza, uma mulher de luto
Cantava, espiando as árvores sem fruto,
A canção prostituta do ludíbrio!

BUDISMO MODERNO

Tome, Dr., esta tesoura, e... corte
Minha singularíssima pessoa.
Que importa a mim que a bicharia roa
Todo o meu coração, depois da morte?!

Ah! Um urubu pousou na minha sorte!
Também, das diatomáceas da lagoa
A criptógama cápsula se esbroa
Ao contato de bronca destra forte!

Dissolva-se, portanto, minha vida
Igualmente a uma célula caída
Na aberração de um óvulo infecundo;

Mas o agregado abstrato das saudades
Fique batendo nas perpétuas grades
Do último verso que eu fizer no mundo!

SONHO DE UM MONISTA

Eu e o esqueleto esquálido de Esquilo
Viajávamos, com uma ânsia sibarita,
Por toda a pró-dinâmica infinita,
Na inconsciência de um zoófito tranquilo.

A verdade espantosa do *Protilo*
Me aterrava, mas dentro da alma aflita
Via Deus – essa mônada esquisita –
Coordenando e animando tudo aquilo!

E eu bendizia, com o esqueleto ao lado,
Na guturalidade do meu brado,
Alheio ao velho cálculo dos dias,

Como um pagão no altar de Proserpina,
A energia intracósmica divina
Que é o pai e é a mãe das outras energias!

SOLITÁRIO

Como um fantasma que se refugia
Na solidão da natureza morta,
Por trás dos ermos túmulos, um dia,
Eu fui refugiar-me à tua porta!

Fazia frio e o frio que fazia
Não era esse que a carne nos conforta...
Cortava assim como em carniçaria
O aço das facas incisivas corta!

Mas tu não vieste ver minha Desgraça!
E eu saí, como quem tudo repele,
– Velho caixão a carregar destroços –

Levando apenas na tumbal carcaça
O pergaminho singular da pele
E o chocalho fatídico dos ossos!

MATER ORIGINALIS

Forma vermicular desconhecida
Que estacionaste, mísera e mofina,
Como quase impalpável gelatina,
Nos estados prodrômicos da vida;

O hierofante que leu a minha sina
Ignorante é de que és, talvez, nascida
Dessa homogeneidade indefinida
Que o insigne Herbert Spencer nos ensina.

Nenhuma ignota união ou nenhum nexo
À contingência orgânica do sexo
A tua estacionária alma prendeu...

Ah! De ti foi que, autônoma e sem normas,
Oh! Mãe original das outras formas,
A minha forma lúgubre nasceu!

O LUPANAR

Ah! Por que monstruosíssimo motivo
Prenderam para sempre, nesta rede,
Dentro do ângulo diedro da parede,
A alma do homem polígamo e lascivo?!

Este lugar, moços do mundo, vede:
É o grande bebedouro coletivo,
Onde os bandalhos, como um gado vivo,
Todas as noites, vêm matar a sede!

É o afrodístico leito do hetairismo,
A antecâmara lúbrica do abismo,
Em que é mister que o gênero humano entre,

Quando a promiscuidade aterradora
Matar a última força geradora
E comer o último óvulo do ventre!

IDEALISMO

Falas de amor, e eu ouço tudo e calo!
O amor da Humanidade é uma mentira.
É. E é por isto que na minha lira
De amores fúteis poucas vezes falo.

O amor! Quando virei por fim a amá-lo?!
Quando, se o amor que a Humanidade inspira
É o amor do sibarita e da hetaíra,
De Messalina e de Sardanapalo?!

Pois é mister que, para o amor sagrado,
O mundo fique imaterializado
– Alavanca desviada do seu fulcro –

E haja só amizade verdadeira
Duma caveira para outra caveira,
Do meu sepulcro para o teu sepulcro?!

ÚLTIMO CREDO

Como ama o homem adúltero o adultério
E o ébrio a garrafa tóxica de rum,
Amo o coveiro – este ladrão comum
Que arrasta a gente para o cemitério!

É o transcendentalíssimo mistério!
É o *nous*, é o *pneuma*, é o *ego sum qui sum*,
É a morte, é esse danado número *Um*
Que matou Cristo e que matou Tibério!

Creio, como o filósofo mais crente,
Na generalidade decrescente
Com que a substância cósmica evolui...

Creio, perante a evolução imensa,
Que o homem universal de amanhã vença
O homem particular que eu ontem fui!

O CAIXÃO FANTÁSTICO

Célere ia o caixão, e, nele, inclusas,
Cinzas, caixas cranianas, cartilagens
Oriundas, como os sonhos dos selvagens,
De aberratórias abstrações abstrusas!

Nesse caixão iam talvez as Musas,
Talvez meu Pai! Hoffmânnicas visagens
Enchiam meu encéfalo de imagens
As mais contraditórias e confusas!

A energia monística do Mundo,
À meia-noite, penetrava fundo
No meu fenomenal Cérebro cheio...

Era tarde! Fazia muito frio.
Na rua apenas o caixão sombrio
Ia continuando o seu passeio!

SOLILÓQUIO DE UM VISIONÁRIO

Para desvirginar o labirinto
Do velho e metafísico Mistério,
Comi meus olhos crus no cemitério,
Numa antropofagia de faminto!

A digestão desse manjar funéreo
Tornado sangue transformou-me o instinto
De humanas impressões visuais que eu sinto,
Nas divinas visões do íncole etéreo!

Vestido de hidrogênio incandescente,
Vaguei um século, ímproficuamente,
Pelas monotonias siderais...

Subi talvez às máximas alturas,
Mas, se hoje volto assim, com a alma às escuras,
É necessário que inda eu suba mais!

A UM CARNEIRO MORTO

Misericordiosíssimo carneiro
Esquartejado, a maldição de Pio
Décimo caia em teu algoz sombrio
E em todo aquele que for seu herdeiro!

Maldito seja o mercador vadio
Que te vender as carnes por dinheiro,
Pois, tua lã aquece o mundo inteiro
E guarda as carnes dos que estão com frio!

Quando a faca rangeu no teu pescoço,
Ao monstro que espremeu teu sangue grosso
Teus olhos – fontes de perdão – perdoaram!

Oh! tu que no Perdão eu simbolizo,
Se fosses Deus, no Dia de Juízo,
Talvez perdoasses os que te mataram!

VOZES DA MORTE

Agora, sim! Vamos morrer, reunidos,
Tamarindo de minha desventura,
Tu, com o envelhecimento da nervura,
Eu, com o envelhecimento dos tecidos!

Ah! Esta noite é a noite dos Vencidos!
E a podridão, meu velho! E essa futura
Ultrafatalidade de ossatura,
A que nos acharemos reduzidos!

Não morrerão, porém, tuas sementes!
E assim, para o Futuro, em diferentes
Florestas, vales, selvas, glebas, trilhos,

Na multiplicidade dos teus ramos,
Pelo muito que em vida nos amamos,
Depois da morte, inda teremos filhos!

INSÂNIA DE UM SIMPLES

Em cismas patológicas insanas,
É-me grato adstringir-me, na hierarquia
Das formas vivas, à categoria
Das organizações liliputianas;

Ser semelhante aos zoófitos e às lianas,
Ter o destino de uma larva fria,
Deixar enfim na cloaca mais sombria
Este feixe de células humanas!

E enquanto arremedando Éolo iracundo,
Na orgia heliogabálica do mundo,
Ganem todos os vícios de uma vez,

Apraz-me, adstrito ao triângulo mesquinho
De um delta humilde, apodrecer sozinho
No silêncio de minha pequenez!

OS DOENTES

I

Como uma cascavel que se enroscava,
A cidade dos lázaros dormia...
Somente, na metrópole vazia,
Minha cabeça autônoma pensava!

Mordia-me a obsessão má de que havia,
Sob os meus pés, na terra onde eu pisava,
Um fígado doente que sangrava
E uma garganta de órfã que gemia!

Tentava compreender com as conceptivas
Funções do encéfalo as substâncias vivas
Que nem Spencer, nem Haeckel
[compreenderam...

E via em mim, coberto de desgraças,
O resultado de bilhões de raças
Que há muitos anos desapareceram!

II

Minha angústia feroz não tinha nome.
Ali, na urbe natal do Desconsolo,
Eu tinha de comer o último bolo
Que Deus fazia para a minha fome!

Convulso, o vento entoava um pseudosalmo.
Contrastando, entretanto, com o ar convulso
A noite funcionava como um pulso
Fisiologicamente muito calmo.

Caíam sobre os meus centros nervosos,
Como os pingos ardentes de cem velas,
O uivo desenganado das cadelas
E o gemido dos homens bexigosos.

Pensava! E em que eu pensava, não perguntes!
Mas, em cima de um túmulo, um cachorro
Pedia para mim água e socorro
À comiseração dos transeuntes!

Bruto, de errante rio, alto e hórrido, o urro
Reboava. Além jazia aos pés da serra,
Criando as superstições de minha terra,
A queixada específica de um burro!

Gordo adubo da agreste urtiga brava,
Benigna água, magnânima e magnífica,
Em cuja álgida unção, branda e beatífica,
A Paraíba indígena se lava!

A manga, a ameixa, a amêndoa, a abóbora,
[o álamo
E a câmara odorífera dos sumos
Absorvem diariamente o ubérrimo húmus
Que Deus espalha à beira do teu tálamo!

Nos de teu curso desobstruídos trilhos,
Apenas eu compreendo, em quaisquer horas,
O hidrogênio e o oxigênio que tu choras
Pelo falecimento dos teus filhos!

Ah! Somente eu compreendo, satisfeito,
A incógnita psique das massas mortas
Que dormem, como as ervas, sobre as hortas,
Na esteira igualitária do teu leito!

O vento continuava sem cansaço
E enchia com a fluidez do eólico hissope
Em seu fantasmagórico galope
A abundância geométrica do espaço.

Meu ser estacionava, olhando os campos
Circunjacentes. No Alto, os astros miúdos
Reduziam os Céus sérios e rudos
A uma epiderme cheia de sarampos!

III

Dormia embaixo, com a promíscua véstia
No embotamento crasso dos sentidos,
A comunhão dos homens reunidos
Pela camaradagem da moléstia.

Feriam-me o nervo óptico e a retina
Aponevroses e tendões de Aquiles,
Restos repugnantíssimos de bílis,
Vômitos impregnados de ptialina.

Da degenerescência étnica do Ária
Se escapava, entre estrépitos e estouros,
Reboando pelos séculos vindouros,
O ruído de uma tosse hereditária.

Oh! desespero das pessoas tísicas,
Adivinhando o frio que há nas lousas,
Maior felicidade é a destas cousas
Submetidas apenas às leis físicas!

Estas, por mais que os cardos grandes rocem
Seus corpos brutos, dores não recebem;
Estas dos bacalhaus o óleo não bebem,
Estas não cospem sangue, estas não tossem!

Descender dos macacos catarríneos,
Cair doente e passar a vida inteira
Com a boca junto de uma escarradeira,
Pintando o chão de coágulos sanguíneos!

Sentir, adstritos ao quimiotropismo
Erótico, os micróbios assanhados
Passearem, como inúmeros soldados,
Nas cancerosidades do organismo!

Falar somente uma linguagem rouca,
Um português cansado e incompreensível,
Vomitar o pulmão na noite horrível
Em que se deita sangue pela boca!

Expulsar, aos bocados, a existência
Numa bacia autômata de barro,
Alucinado, vendo em cada escarro
O retrato da própria consciência!

Querer dizer a angústia de que é pábulo,
E com a respiração já muito fraca
Sentir como que a ponta de uma faca,
Cortando as raízes do último vocábulo!

Não haver terapêutica que arranque
Tanta opressão como se, com efeito,
Lhe houvessem sacudido sobre o peito
A máquina pneumática de Bianchi!

E o ar fugindo e a Morte a arca da tumba
A erguer, como um cronômetro gigante,
Marcando a transição emocionante
Do lar materno para a catacumba!

Mas vos não lamenteis, magras mulheres,
Nos ardores danados da febre hética,
Consagrando vossa última fonética
A uma recitação de misereres.

Antes levardes ainda uma quimera
Para a garganta omnívora das lajes
Do que morrerdes, hoje, urrando ultrajes
Contra a dissolução que vos espera!

Porque a morte, resfriando-vos o rosto,
Consoante a minha concepção vesânica,
É a alfândega, onde toda a vida orgânica
Há de pagar um dia o último imposto!

IV

Começara a chover. Pelas algentes
Ruas, a água, em cachoeiras desobstruídas,
Encharcava os buracos das feridas,
Alagava a medula dos Doentes!

Do fundo do meu trágico destino,
Onde a Resignação os braços cruza,
Saía, com o vexame de uma fusa,
A mágoa gaguejada de um cretino.

Aquele ruído obscuro de gagueira
Que à noite, em sonhos mórbidos, me
[acorda,
Vinha da vibração bruta da corda
Mais recôndita da alma brasileira!

Aturdia-me a tétrica miragem
De que, naquele instante, no Amazonas,
Fedia, entregue a vísceras glutonas,
A carcaça esquecida de um selvagem.

A civilização entrou na taba
Em que ele estava. O gênio de Colombo
Manchou de opróbrios a alma do *mazombo*,
Cuspiu na cova do *morubixaba*!

E o índio, por fim, adstrito à étnica escória,
Recebeu, tendo o horror no rosto impresso,
Esse achincalhamento do progresso
Que o anulava na crítica da História!

Como quem analisa uma apostema,
De repente, acordando na desgraça,
Viu toda a podridão de sua raça...
   Na tumba de Iracema!...

Ah! Tudo, como um lúgubre ciclone,
Exercia sobre ele ação funesta
Desde o desbravamento da floresta
À ultrajante invenção do telefone.

E sentia-se pior que um vagabundo
Microcéfalo vil que a espécie encerra,
Desterrado na sua própria terra,
Diminuído na crônica do mundo!

A hereditariedade dessa pecha
Seguira seus filhos. Dora em diante
Seu povo tombaria agonizante
Na luta da espingarda com a flecha!

Veio-lhe então como à fêmea vêm antojos,
Uma desesperada ânsia improfícua
De estrangular aquela gente iníqua
Que progredia sobre os seus despojos!

Mas, diante a xantocroide raça loura,
Jazem, caladas, todas as inúbias,
E agora, sem difíceis nuanças dúbias,
Com uma clarividência aterradora,

Em vez da prisca tribo e indiana tropa
A gente deste século, espantada,
Vê somente a caveira abandonada
De uma raça esmagada pela Europa!

V

Era a hora em que arrastados pelos ventos,
Os fantasmas hamléticos dispersos
Atiram na consciência dos perversos
A sombra dos remorsos famulentos.

As mães sem coração rogavam pragas
Aos filhos bons. E eu, roído pelos medos,
Batia com o pentágono dos dedos
Sobre um fundo hipotético de chagas!

Diabólica dinâmica daninha
Oprimia meu cérebro indefeso
Com a força onerosíssima de um peso
Que eu não sabia mesmo de onde vinha.

Perfurava-me o peito a áspera pua
Do desânimo negro que me prostra,
E quase a todos os momentos mostra
Minha caveira aos bêbedos da rua.

Hereditariedades politípicas
Punham na minha boca putrescível
Interjeições de abracadabra horrível
E os verbos indignados das Filípicas.

Todos os vocativos dos blasfemos,
No horror daquela noite monstruosa,
Maldiziam, com voz estentorosa,
A peçonha inicial de onde nascemos.

Como que havia na ânsia de conforto
De cada ser, ex.: o homem e o ofídio,
Uma necessidade de suicídio
E um desejo incoercível de ser morto!

Naquela angústia absurda e tragicômica
Eu chorava, rolando sobre o lixo,
Com a contorção neurótica de um bicho
Que ingeriu 30 gramas de noz-vômica.

E, como um homem doido que se enforca,
Tentava, na terráquea superfície,
Consubstanciar-me todo com a imundície,
Confundir-me com aquela coisa porca!

Vinha, às vezes, porém, o anelo instável
De, com o auxílio especial do osso masséter
Mastigando homeomérias neutras de éter
Nutrir-me da matéria imponderável.

Anelava ficar um dia, em suma,
Menor que o anfióxus e inferior à tênia,
Reduzido à plastídula homogênea,
Sem diferenciação de espécie alguma.

Era (nem sei em síntese o que diga)
Um velhíssimo instinto atávico, era
A saudade inconsciente da monera
Que havia sido minha mãe antiga!

Com o horror tradicional da raiva corsa
Minha vontade era, perante a cova,
Arrancar do meu próprio corpo a prova
Da persistência trágica da força.

A pragmática má de humanos usos
Não compreende que a Morte que não dorme
É a absorção do movimento enorme
Na dispersão dos átomos difusos.

Não me incomoda esse último abandono.
Se a carne individual hoje apodrece,
Amanhã, como Cristo, reaparece
Na universalidade do carbono!

A vida vem do éter que se condensa,
Mas o que mais no Cosmos me entusiasma
É a esfera microscópica do plasma
Fazer a luz do cérebro que pensa.

Eu voltarei, cansado da árdua liça,
À substância inorgânica primeva,
De onde, por epigênese, veio Eva
E a *stirpe radiolar* chamada *Actissa*!

Quando eu for misturar-me com as violetas,
Minha lira, maior que a *Bíblia* e a *Fedra,*
Reviverá, dando emoção à pedra,
Na acústica de todos os planetas!

VI

À álgida agulha, agora, alva, a saraiva
Caindo, análoga era... Um cão agora
Punha a atra língua hidrófoba de fora
Em contrações miológicas de raiva.

Mas, para além, entre oscilantes chamas,
Acordavam os bairros da luxúria...
As prostitutas, doentes de hematúria,
    Se extenuavam nas camas.

Uma, ignóbil, derreada de cansaço,
Quase que escangalhada pelo vício,
Cheirava com prazer no sacrifício
A lepra má que lhe roía o braço!

E ensanguentava os dedos da mão nívea
Com o sentimento gasto e a emoção pobre,
Nessa alegria bárbara que cobre
Os saracoteamentos da lascívia...

De certo, a perversão de que era presa
O *sensorium* daquela prostituta
Vinha da adaptação quase absoluta
À ambiência microbiana da baixeza!

Entanto, virgem fostes, e, quando o éreis,
Não tínheis ainda essa erupção cutânea,
Nem tínheis, vítima última da insânia,
Duas mamárias glândulas estéreis!

Ah! Certamente, não havia ainda
Rompido, com violência, no horizonte,
O sol malvado que secou a fonte
De vossa castidade agora finda!

Talvez tivésseis fome, e as mãos, embalde,
Estendestes ao mundo, até que, à toa,
Fostes vender a virginal coroa
Ao primeiro bandido do arrabalde.

E estais velha! – De vós o mundo é farto,
E hoje, que a sociedade vos enxota,
Somente as *bruxas* negras da derrota
Frequentam diariamente vosso quarto!

Prometem-vos (quem sabe?!) entre os
[ciprestes
Longe da mancebia dos alcouces,
Nas quietudes nirvânicas mais doces,
O noivado que em vida não tivestes!

VII

Quase todos os lutos conjugados,
Como uma associação de monopólio,
Lançavam pinceladas pretas de óleo
Na arquitetura arcaica dos sobrados.

Dentro da noite funda um braço humano
Parecia cavar ao longe um poço
Para enterrar minha ilusão de moço,
Como a boca de um poço artesiano!

Atabalhoadamente pelos becos,
Eu pensava nas coisas que perecem,
Desde as musculaturas que apodrecem
À ruína vegetal dos lírios secos.

Cismava no propósito funéreo
Da mosca debochada que fareja
O defunto, no chão frio da igreja,
E vai depois levá-lo ao cemitério!

E esfregando as mãos magras, eu, inquieto,
Sentia, na craniana caixa tosca,
A racionalidade dessa mosca,
A consciência terrível desse inseto!

Regougando, porém, *argots* e aljâmias,
Como quem nada encontra que o perturbe,
A energúmena grei dos ébrios da urbe
Festejava seu sábado de infâmias.

A estática fatal das paixões cegas,
Rugindo fundamente nos neurônios,
Puxava aquele povo de demônios
Para a promiscuidade das adegas.

E a ébria turba que escaras sujas masca,
À falta idiossincrásica de escrúpulo,
Absorvia com gáudio absinto, lúpulo
E outras substâncias tóxicas da tasca.

O ar ambiente cheirava a ácido acético,
Mas, de repente, com o ar de quem empesta,
Apareceu, escorraçando a festa,
A mandíbula inchada de um morfético!

Saliências polimórficas vermelhas,
Em cujo aspecto o olhar perspícuo prendo,
Punham-lhe num destaque horrendo o horrendo
Tamanho aberratório das orelhas.

O fácies do morfético assombrava!
– Aquilo era uma negra eucaristia,
Onde minh'alma inteira surpreendia
A Humanidade que se lamentava!

Era todo o meu sonho, assim, inchado,
Já podre, que a morfeia miserável
Tornava às impressões táteis, palpável,
Como se fosse um corpo organizado!

VIII

Em torno a mim, nesta hora, estriges voam,
E o cemitério, em que eu entrei adrede,
Dá-me a impressão de um *boulevard* que fede,
Pela degradação dos que o povoam.

Quanta gente, roubada à humana coorte,
Morre de fome, sobre a palha espessa,
Sem ter, como Ugolino, uma cabeça
Que possa mastigar na hora da morte;

E nua, após baixar ao caos budista,
Vem para aqui, nos braços de um canalha,
Porque o madapolão para a mortalha
Custa 1$200 ao lojista!

Que resta das cabeças que pensaram?!
E afundado nos sonhos mais nefastos,
Ao pegar num milhão de miolos gastos,
Todos os meus cabelos se arrepiaram.

Os evolucionismos benfeitores
Que por entre os cadáveres caminham,
Iguais a irmãs de caridade, vinham
Com a podridão dar de comer às flores!

Os defuntos então me ofereciam
Com as articulações das mãos inermes,
Num prato de hospital, cheio de vermes,
Todos os animais que apodreciam!

É possível que o estômago se afoite
(Muito embora contra isto a alma se irrite)
A cevar o antropófago apetite,
Comendo carne humana, à meia-noite!

Com uma ilimitadíssima tristeza,
Na impaciência do estômago vazio,
Eu devorava aquele bolo frio
Feito das podridões da Natureza!

E hirto, a camisa suada, a alma aos arrancos,
Vendo passar com as túnicas obscuras,
As escaveiradíssimas figuras
Das negras desonradas pelos brancos;

Pisando, como quem salta, entre fardos,
Nos corpos nus das moças hotentotes
Entregues, ao clarão de alguns archotes,
À sodomia indigna dos moscardos;

Eu maldizia o deus de mãos nefandas
Que, transgredindo a igualitária regra
Da Natureza, atira a raça negra
Ao contubérnio diário das quitandas!

Na evolução de minha dor grotesca,
Eu mendigava aos vermes insubmissos
Como indenização dos meus serviços,
O benefício de uma cova fresca.

Manhã. E eis-me a absorver a luz de fora,
Como o íncola do polo ártico, às vezes,
Absorve, após a noite de seis meses,
Os raios caloríficos da aurora.

Nunca mais as goteiras cairiam
Como propositais setas malvadas,
No frio matador das madrugadas,
Por sobre o coração dos que sofriam!

Do meu cérebro à absconsa tábua rasa
Vinha a luz restituir o antigo crédito,
Proporcionando-me o prazer inédito,
De quem possui um sol dentro de casa.

Era a volúpia fúnebre que os ossos
Me inspiravam, trazendo-me ao sol claro,
À apreensão fisiológica do faro
O odor cadaveroso dos destroços!

IX

O inventário do que eu já tinha sido
Espantava. Restavam só de Augusto
A forma de um mamífero vetusto
E a cerebralidade de um vencido!

O gênio procriador da espécie eterna
Que me fizera, em vez de hiena ou lagarta,
Uma sobrevivência de Sidarta,
Dentro da filogênese moderna;

E arrancara milhares de existências
Do ovário ignóbil de uma fauna imunda,
Ia arrastando agora a alma infecunda
Na mais triste de todas as falências.

Um céu calamitoso de vingança
Desagregava, désposta e sem normas,
O adesionismo biôntico das formas
Multiplicadas pela lei da herança!

A ruína vinha horrenda e deletéria
Do subsolo infeliz, vinha de dentro
Da matéria em fusão que ainda há no centro,
Para alcançar depois a periferia!

Contra a Arte, oh! Morte, em vão teu ódio
[exerces!
Mas, a meu ver, os sáxeos prédios tortos
Tinham aspectos de edifícios mortos
Decompondo-se desde os alicerces!

A doença era geral, tudo a extenuar-se
Estava. O Espaço abstrato que não morre
Cansara... O ar que, em colônias fluidas, corre,
Parecia também desagregar-se!

O pródromos de um tétano medonho
Repuxavam-me o rosto... Hirto de espanto,
Eu sentia nascer-me n'alma, entanto,
O começo magnífico de um sonho!

Entre as formas decrépitas do povo,
Já batiam por cima dos estragos →

A sensação e os movimentos vagos
Da célula inicial de um Cosmos novo!

O letargo larvário da cidade
Crescia. Igual a um parto, numa furna,
Vinha da original treva noturna,
O vagido de uma outra Humanidade!

E eu, com os pés atolados no Nirvana,
Acompanhava, com um prazer secreto,
A gestação daquele grande feto,
Que vinha substituir a Espécie Humana!

ASA DE CORVO

Asa de corvos carniceiros, asa
De mau agouro que, nos doze meses,
Cobre às vezes o espaço e cobre às vezes
O telhado de nossa própria casa...

Perseguido por todos os reveses,
É meu destino viver junto a essa asa,
Como a cinza que vive junto à brasa,
Como os Goncourts, como os irmãos siameses!

É com essa asa que eu faço este soneto
E a indústria humana faz o pano preto
Que as famílias de luto martiriza...

É ainda com essa asa extraordinária
Que a Morte – a costureira funerária –
Cose para o homem a última camisa!

UMA NOITE NO CAIRO

Noite no Egito. O céu claro e profundo
Fulgura. A rua é triste. A Lua Cheia
Está sinistra, e sobre a paz do mundo
A alma dos Faraós anda e vagueia.

Os mastins negros vão ladrando à lua...
O Cairo é de uma formosura arcaica.
No ângulo mais recôndito da rua
Passa cantando uma mulher hebraica.

O Egito é sempre assim quando anoitece!
Às vezes, das pirâmides o quedo
E atro perfil, exposto ao luar, parece
Uma sombria interjeição de medo!

Como um contraste àqueles misereres,
Num quiosque em festa alegre turba grita,
E dentro dançam homens e mulheres
Numa aglomeração cosmopolita.

Tonto do vinho, um saltimbanco da Ásia,
Convulso e roto, no apogeu da fúria,
Executando evoluções de *razzia*
Solta um brado epilético de injúria!

Em derredor duma ampla mesa preta
– Última nota do conúbio infando –
Veem-se dez jogadores de roleta
Fumando, discutindo, conversando.

Resplandece a celeste superfície.
Dorme soturna a natureza sábia...
Embaixo, na mais próxima planície,
Pasta um cavalo esplêndido da Arábia.

Vaga no espaço um silfo solitário.
Troam *kinnors*! Depois tudo é tranquilo...
Apenas como um velho stradivário,
Soluça toda a noite a água do Nilo!

O MARTÍRIO DO ARTISTA

Arte ingrata! E conquanto, em desalento,
A órbita elipsoidal dos olhos lhe arda,
Busca exteriorizar o pensamento
Que em suas fronetas células guarda!

Tarda-lhe a Ideia! A inspiração lhe tarda!
E ei-lo a tremer, rasga o papel, violento,
Como o soldado que rasgou a farda
No desespero do último momento!

Tenta chorar e os olhos sente enxutos!...
É como o paralítico que, à míngua
Da própria voz e na que ardente o lavra

Febre de em vão falar, com os dedos brutos
Para falar, puxa e repuxa a língua,
E não lhe vem à boca uma palavra!

DUAS ESTROFES

(À memória de João de Deus)

Ahi! ciechi! il tanto affaticar che giova?
Tutti torniamo alla gran madre antica
E il nostro nome appena si ritrova.

PETRARCA

A queda do teu lírico arrabil
De um sentimento português ignoto
Lembra Lisboa, bela como um brinco,
Que um dia no ano trágico de mil
E setecentos e cinquenta e cinco,
Foi abalada por um terremoto!

A água quieta do Tejo te abençoa.
Tu representas toda essa Lisboa
De glórias quase sobrenaturais,
Apenas com uma diferença triste,
Com a diferença que Lisboa existe
E tu, amigo, não existes mais!

O MAR, A ESCADA E O HOMEM

"Olha agora, mamífero inferior,
"À luz da *epicurista ataraxia,*
"O fracasso de tua geografia
"E do teu escafandro esmiuçador!

"Ah! Jamais saberás ser superior,
"Homem, a mim, conquanto ainda hoje em dia,
"Com a ampla hélice auxiliar com que outrora ia
"Voando ao vento o vastíssimo vapor,

"Rasgue a água hórrida a nau árdega e
[singre-me!"
E a verticalidade da Escada íngreme:
"Homem, já transpuseste os meus degraus?!"

E Augusto, o Hércules, o Homem, aos soluços,
Ouvindo a Escada e o Mar, caiu de bruços
No pandemônio aterrador do Caos!

DECADÊNCIA

Iguais às linhas perpendiculares
Caíram, como cruéis e hórridas hastas,
Nas suas 33 vértebras gastas
Quase todas as pedras tumulares!

A frialdade dos círculos polares,
Em sucessivas atuações nefastas,
Penetrara-lhe os próprios neuroplastas,
Estragara-lhe os centros medulares!

Como quem quebra o objeto mais querido
E começa a apanhar piedosamente
Todas as microscópicas partículas,

Ele hoje vê que, após tudo perdido,
Só lhe restam agora o último dente
E a armação funerária das clavículas!

RICORDANZA DELLA MIA GIOVENTÚ

A minha ama de leite Guilhermina
Furtava as moedas que o Doutor me dava.
Sinhá-Mocinha, minha Mãe, ralhava...
Via naquilo a minha própria ruína!

Minha ama, então, hipócrita, afetava
Susceptibilidades de menina:
"– Não, não fora ela! –" E maldizia a sina,
Que ela absolutamente não furtava.

Vejo, entretanto, agora, em minha cama,
Que a mim somente cabe o furto feito...
Tu só furtaste a moeda, o ouro que brilha...

Furtaste a moeda só, mas eu, minha ama,
Eu furtei mais, porque furtei o peito
Que dava leite para a tua filha!

A UM MASCARADO

Rasga essa máscara ótima de seda
E atira-a à arca ancestral dos palimpsestos...
É noite, e, à noite, a escândalos e incestos
É natural que o instinto humano aceda!

Sem que te arranquem da garganta queda
A interjeição danada dos protestos,
Hás de engolir, igual a um porco, os restos
Duma comida horrivelmente azeda!

A sucessão de hebdômadas medonhas
Reduzirá os mundos que tu sonhas
Ao microcosmos do ovo primitivo...

E tu mesmo, após a árdua e atra refrega,
Terás somente uma vontade cega
E uma tendência obscura de ser vivo!

VOZES DE UM TÚMULO

Morri! E a Terra – a mãe comum – o brilho
Destes meus olhos apagou!... Assim
Tântalo, aos reais convivas, num festim,
Serviu as carnes do seu próprio filho!

Por que para este cemitério vim?!
Por quê?! Antes da vida o angusto trilho
Palmilhasse, do que este que palmilho
E que me assombra, porque não tem fim!

No ardor do sonho que o fronema exalta
Construí de orgulho ênea pirâmide alta...
Hoje, porém, que se desmoronou

A pirâmide real do meu orgulho,
Hoje que apenas sou matéria e entulho
Tenho consciência de que nada sou!

CONTRASTES

A antítese do novo e do obsoleto,
O Amor e a Paz, o Ódio e a Carnificina,
O que o homem ama e o que o homem
[abomina,
Tudo convém para o homem ser completo!

O ângulo obtuso, pois, e o ângulo reto,
Uma feição humana e outra divina
São como a eximenina e a endimenina
Que servem ambas para o mesmo feto!

Eu sei tudo isto mais do que o Eclesiastes!
Por justaposição destes contrastes,
Junta-se um hemisfério a outro hemisfério,

Às alegrias juntam-se as tristezas,
E o carpinteiro que fabrica as mesas
Faz também os caixões do cemitério!...

GEMIDOS DE ARTE

I

Esta desilusão que me acabrunha
É mais traidora do que o foi Pilatos!...
Por causa disto, eu vivo pelos matos,
Magro, roendo a substância córnea da unha.

Tenho estremecimentos indecisos
E sinto, haurindo o tépido ar sereno,
O mesmo assombro que sentiu Parfeno
Quando arrancou os olhos de Dionisos!

Em giro e em redemoinho em mim caminham
Ríspidas mágoas estranguladoras,
Tais quais, nos fortes fulcros, as tesouras
Brônzeas, também giram e redemoinham.

Os pães – filhos legítimos dos trigos –
Nutrem a geração do Ódio e da Guerra...
Os cachorros anônimos da terra
São talvez os meus únicos amigos!

Ah! Por que desgraçada contingência
À híspida aresta sáxea áspera e abrupta
Da rocha brava, numa ininterrupta
Adesão, não prendi minha existência?!

Por que Jeová, maior do que Laplace,
Não fez cair o túmulo de Plínio
Por sobre todo o meu raciocínio
Para que eu nunca mais raciocinasse?!

Pois minha Mãe tão cheia assim daqueles
Carinhos, com que guarda meus sapatos,
Por que me deu consciência dos meus atos
Para eu me arrepender de todos eles?!

Quisera antes, mordendo glabros talos,
Nabucodonosor ser no Pau d'Arco,
Beber a acre e estagnada água do charco,
Dormir na manjedoura com os cavalos!

Mas a carne é que é humana! A alma é divina.
Dorme num leito de feridas, goza
O lodo, apalpa a úlcera cancerosa,
Beija a peçonha, e não se contamina!

Ser homem! escapar de ser aborto!
Sair de um ventre inchado que se anoja,
Comprar vestidos pretos numa loja
E andar de luto pelo pai que é morto!

E por trezentos e sessenta dias
Trabalhar e comer! Martírios juntos!
Alimentar-se dos irmãos defuntos,
Chupar os ossos das alimarias!

Barulho de mandíbulas e abdômens!
E vem-me com um desprezo por tudo isto
Uma vontade absurda de ser Cristo
Para sacrificar-me pelos homens!

Soberano desejo! Soberana
Ambição de construir para o homem uma
Região, onde não cuspa língua alguma
O óleo rançoso da saliva humana!

Uma região sem nódoas e sem lixos,
Subtraída à hediondez de ínfimo casco,
Onde a forca feroz coma o carrasco
E o olho do estuprador se encha de bichos!

Outras constelações e outros espaços
Em que, no agudo grau da última crise,
O braço do ladrão se paralise
E a mão da meretriz caia aos pedaços!

II

O sol agora é de um fulgor compacto,
E eu vou andando, cheio de chamusco,
Com a flexibilidade de um molusco,
Úmido, pegajoso e untuoso ao tacto!

Reúnam-se em rebelião ardente e acesa
Todas as minhas forças emotivas
E armem ciladas como cobras vivas
Para despedaçar minha tristeza!

O sol de cima espiando a flora moça
Arda, fustigue, queime, corte, morda!...
Deleito a vista na verdura gorda
Que nas hastes delgadas se balouça!

Avisto o vulto das sombrias granjas
Perdidas no alto... Nos terrenos baixos,
Das laranjeiras eu admiro os cachos
E a ampla circunferência das laranjas.

Ladra furiosa a tribo dos podengos.
Olhando para as pútridas charnecas
Grita o exército avulso das marrecas
Na úmida copa dos bambus verdoengos.

Um pássaro alvo artífice da teia
De um ninho, salta, no árdego trabalho,
De árvore em árvore e de galho em galho,
Com a rapidez duma semicolcheia.

Em grandes semicírculos aduncos,
Entrançados, pelo ar, largando pelos,
Voam à semelhança de cabelos
Os chicotes finíssimos dos juncos.

Os ventos vagabundos batem, bolem
Nas árvores. O ar cheira. A terra cheira...
E a alma dos vegetais rebenta inteira
De todos os corpúsculos do pólen.

A câmara nupcial de cada ovário
Se abre. No chão coleia a lagartixa.
Por toda a parte a seiva bruta esguicha
Num extravasamento involuntário.

Eu, depois de morrer, depois de tanta
Tristeza, quero, em vez do nome – *Augusto,*
Possuir aí o nome dum arbusto
Qualquer ou de qualquer obscura planta!

III

Pelo acidentadíssimo caminho
Faísca o sol. Nédios, batendo a cauda,
Urram os bois. O céu lembra uma lauda
Do mais incorruptível pergaminho.

Uma atmosfera má de incômoda hulha
Abafa o ambiente. O aziago ar morto a morte
Fede. O ardente calor da areia forte
Racha-me os pés como se fosse agulha.

Não sei que subterrânea e atra voz rouca,
Por saibros e por cem côncavos vales,
Como pela avenida das Mappales,
Me arrasta à casa do finado *Toca*!

Todas as tardes a esta casa venho.
Aqui, outrora, sem conchego nobre,
Viveu, sentiu e amou este homem pobre
Que carregava canas para o engenho!

Nos outros tempos e nas outras eras,
Quantas flores! Agora, em vez de flores,
Os musgos, como exóticos pintores,
Pintam caretas verdes nas taperas.

Na bruta dispersão de vítreos cacos,
À dura luz do sol resplandecente,
Trôpega e antiga, uma parede doente
Mostra a cara medonha dos buracos.

O cupim negro broca o âmago fino
Do teto. E traça trombas de elefantes
Com as circunvoluções extravagantes
Do seu complicadíssimo intestino.

O lodo obscuro trepa-se nas portas.
Amontoadas em grossos feixes rijos,
As lagartixas dos esconderijos
Estão olhando aquelas coisas mortas!

Fico a pensar no Espírito disperso
Que, unindo a pedra ao *gneiss* e a árvore
[à criança,
Como um anel enorme de aliança,
Une todas as coisas do Universo!

E assim pensando, com a cabeça em brasas
Ante a fatalidade que me oprime,
Julgo ver este Espírito sublime,
Chamando-me do sol com as suas asas!

Gosto do sol ignívomo e iracundo
Como o réptil gosta quando se molha
E na atra escuridão dos ares, olha
Melancolicamente para o mundo!

Essa alegria imaterializada,
Que por vezes me absorve, é o óbolo obscuro, →

É o pedaço já podre de pão duro
Que o miserável recebeu na estrada!

Não são os cinco mil milhões de francos
Que a Alemanha pediu a Jules Favre...
É o dinheiro coberto de azinhavre
Que o escravo ganha, trabalhando aos brancos!

Seja este sol meu último consolo;
E o espírito infeliz que em mim se encarna
Se alegre ao sol, como quem raspa a sarna,
Só, com a misericórdia de um tijolo!...

Tudo enfim a mesma órbita percorre
E as bocas vão beber o mesmo leite...
A lamparina quando falta o azeite
Morre, da mesma forma que o homem morre.

Súbito, arrebentando a horrenda calma,
Grito, e se grito é para que meu grito
Seja a revelação deste Infinito
Que eu trago encarcerado na minh'alma!

Sol brasileiro! Queima-me os destroços!
Quero assistir, aqui, sem pai que me ame,
De pé, à luz da consciência infame,
À carbonização dos próprios ossos!

VERSOS DE AMOR

A um poeta erótico

Parece muito doce aquela cana.
Descasco-a, provo-a, chupo-a... ilusão treda!
O amor, poeta, é como a cana azeda,
A toda a boca que o não prova engana.

Quis saber que era o amor, por experiência,
E hoje que, enfim, conheço o seu conteúdo,
Pudera eu ter, eu que idolatro o estudo,
Todas as ciências menos esta ciência!

Certo, este o amor não é que, em ânsias, amo
Mas certo, o egoísta amor este é que acinte
Amas, oposto a mim. Por conseguinte
Chamas amor aquilo que eu não chamo.

Oposto ideal ao meu ideal conservas.
Diverso é, pois, o ponto outro de vista
Consoante o qual, observo o amor, do egoísta
Modo de ver, consoante o qual, o observas.

Porque o amor, tal como eu o estou amando,
É Espírito, é éter, é substância fluida,
É assim como o ar que a gente pega e cuida,
Cuida, entretanto, não o estar pegando!

É a transubstanciação de instintos rudes,
Imponderabilíssima e impalpável,
Que anda acima da carne miserável
Como anda a garça acima dos açudes!

Para reproduzir tal sentimento
Daqui por diante, atenta a orelha cauta,
Como Mársias – o inventor da flauta –
Vou inventar também outro instrumento!

Mas de tal arte e espécie tal fazê-lo
Ambiciono, que o idioma em que te eu falo
Possam todas as línguas decliná-lo
Possam todos os homens compreendê-lo!

Para que, enfim, chegando à última calma
Meu podre coração roto não role,
Integralmente desfibrado e mole,
Como um saco vazio dentro d'alma!

SONETOS

I

A meu Pai doente

Para onde fores, Pai, para onde fores,
Irei também, trilhando as mesmas ruas...
Tu, para amenizar as dores tuas,
Eu, para amenizar as minhas dores!

Que coisa triste! O campo tão sem flores,
E eu tão sem crença e as árvores tão nuas
E tu, gemendo, e o horror de nossas duas
Mágoas crescendo e se fazendo horrores!

Magoaram-te, meu Pai?! Que mão sombria,
Indiferente aos mil tormentos teus
De assim magoar-te sem pesar havia?!

– Seria a mão de Deus?! Mas Deus enfim
É bom, é justo, e sendo justo, Deus,
Deus não havia de magoar-te assim!

II

A meu Pai morto

Madrugada de Treze de Janeiro.
Rezo, sonhando, o ofício da agonia.
Meu Pai nessa hora junto a mim morria
Sem um gemido, assim como um cordeiro!

E eu nem lhe ouvi o alento derradeiro!
Quando acordei, cuidei que ele dormia,
E disse à minha Mãe que me dizia:
"Acorda-o"! deixa-o, Mãe, dormir primeiro!

E saí para ver a Natureza!
Em tudo o mesmo abismo de beleza,
Nem uma névoa no estrelado véu...

Mas pareceu-me, entre as estrelas flóreas,
Como Elias, num carro azul de glórias,
Ver a alma de meu Pai subindo ao Céu!

III

Podre meu Pai! A Morte o olhar lhe vidra.
Em seus lábios que os meus lábios osculam
Microrganismos fúnebres pululam
Numa fermentação gorda de cidra.

Duras leis as que os homens e a hórrida hidra
A uma só lei biológica vinculam,
E a marcha das moléculas regulam,
Com a invariabilidade da clepsidra!...

Podre meu Pai! E a mão que enchi de beijos
Roída toda de bichos, como os queijos
Sobre a mesa de orgíacos festins!...

Amo meu Pai na atômica desordem
Entre as bocas necrófagas que o mordem
E a terra infecta que lhe cobre os rins!

DEPOIS DA ORGIA

O prazer que na orgia a hetaíra goza
Produz no meu *sensorium* de bacante
O efeito de uma túnica brilhante
Cobrindo ampla apostema escrofulosa!

Troveja! E anelo ter, sôfrega e ansiosa,
O sistema nervoso de um gigante
Para sofrer na minha carne estuante
A dor da força cósmica furiosa.

Apraz-me, enfim, despindo a última alfaia
Que ao comércio dos homens me traz presa,
Livre deste cadeado de peçonha,

Semelhante a um cachorro de atalaia
Às decomposições da Natureza,
Ficar latindo minha dor medonha!

A ÁRVORE DA SERRA

– As árvores, meu filho, não têm alma!
E esta árvore me serve de empecilho...
É preciso cortá-la, pois, meu filho,
Para que eu tenha uma velhice calma!

– Meu pai, por que sua ira não se acalma?!
Não vê que em tudo existe o mesmo brilho?!
Deus pôs almas nos cedros... no junquilho...
Esta árvore, meu pai, possui minha'alma!...

– Disse – e ajoelhou-se, numa rogativa:
"Não mate a árvore, pai, para que eu viva!"
E quando a árvore, olhando a pátria serra,

Caiu aos golpes do machado bronco,
O moço triste se abraçou com o tronco
E nunca mais se levantou da terra!

VENCIDO

No auge de atordoadora e ávida sanha
Leu tudo, desde o mais prístino mito,
Por exemplo: o do boi Ápis do Egito
Ao velho Niebelungen da Alemanha.

Acometido de uma febre estranha
Sem o escândalo fônico de um grito,
Mergulhou a cabeça no Infinito,
Arrancou os cabelos na montanha!

Desceu depois à gleba mais bastarda,
Pondo a áurea insígnia heráldica da farda
À vontade do vômito plebeu...

E ao vir-lhe o cuspo diário à boca fria
O vencido pensava que cuspia
Na célula infeliz de onde nasceu.

O CORRUPIÃO

Escaveirado corrupião idiota,
Olha a atmosfera livre, o amplo éter belo,
E a alga criptógama e a úsnea e o cogumelo,
Que do fundo do chão todo o ano brota!

Mas a ânsia de alto voar, de à antiga rota
Voar, não tens mais! E pois, preto e amarelo,
Pões-te a assobiar, bruto, sem cerebelo
A gargalhada da última derrota!

A gaiola aboliu tua vontade.
Tu nunca mais verás a liberdade!...
Ah! Tu somente ainda és igual a mim.

Continua a comer teu milho alpiste.
Foi este mundo que me fez tão triste,
Foi a gaiola que te pôs assim!

NOITE DE UM VISIONÁRIO

Número cento e três. Rua Direita.
Eu tinha a sensação de quem se esfola
E inopinadamente o corpo atola
Numa poça de carne liquefeita!

– "Que esta alucinação tátil não cresça!"
– Dizia; e erguia, oh! céu, alto, por ver-vos,
Com a rebeldia acérrima dos nervos
Minha atormentadíssima cabeça.

É a potencialidade que me eleva
Ao grande Deus, e absorve em cada viagem
Minh'alma – este sombrio personagem
Do drama panteístico da treva!

Depois de dezesseis anos de estudo
Generalizações grandes e ousadas
Traziam minhas forças concentradas
Na compreensão monística de tudo.

Mas a aguadilha pútrida o ombro inerme
Me aspergia, banhava minhas tíbias,
E a ela se aliava o ardor das sirtes líbias,
Cortando o melanismo da epiderme.

Arimânico gênio destrutivo
Desconjuntava minha autônoma alma
Esbandalhando essa unidade calma,
Que forma a coerência do ser vivo.

E eu saí a tremer com a língua grossa
E a volição no cúmulo do exício,
Como quem é levado para o hospício
Aos trambolhões, num canto de carroça!

Perante o inexorável céu aceso
Agregações abióticas espúrias,
Como uma cara, recebendo injúrias,
Recebiam os cuspos do desprezo.

A essa hora, nas telúricas reservas,
O reino mineral americano
Dormia, sob os pés do orgulho humano,
E a cimalha minúscula das ervas.

E não haver quem, íntegra, lhe entregue,
Com os ligamentos glóticos precisos,
A liberdade de vingar em risos
A angústia milenária que o persegue!

Bolia nos obscuros labirintos
Da fértil terra gorda, úmida e fresca,
A ínfima fauna abscôndita e grotesca
Da família bastarda dos helmintos.

As vegetalidades subalternas
Que os serenos noturnos orvalhavam,
Pela alta frieza intrínseca, lembravam
Toalhas molhadas sobre as minhas pernas.

E no estrume fresquíssimo da gleba
Formigavam, com a símplice sarcode,
O vibrião, o ancilóstomo, o colpode
E outros irmãos legítimos da ameba!

E todas essas formas que Deus lança
No Cosmos, me pediam, com o ar horrível,
Um pedaço de língua disponível
Para a filogenética vingança!

A cidade exalava um podre báfio:
Os anúncios das casas de comércio,
Mais tristes que as elegias de Propércio,
Pareciam talvez meu epitáfio.

O motor teleológico da Vida
Parara! Agora, em diástoles de guerra,
Vinha do coração quente da terra
Um rumor de matéria dissolvida.

A química feroz do cemitério
Transformava porções de átomos juntos
No óleo malsão que escorre dos defuntos,
Com a abundância de um *geyser* deletério.

Dedos denunciadores escreviam
Na lúgubre extensão da rua preta
Todo o destino negro do planeta,
Onde minhas moléculas sofriam.

Um necrófilo mau forçava as lousas
E eu – coetâneo do horrendo cataclismo –
Era puxado para aquele abismo
No redemoinho universal das cousas!

ALUCINAÇÃO À BEIRA-MAR

Um medo de morrer meus pés esfriava.
Noite alta. Ante o telúrico recorte,
Na diuturna discórdia, a equórea coorte
Atordoadoramente ribombava!

Eu, ególatra céptico, cismava
Em meu destino!... O vento estava forte
E aquela matemática da Morte
Com os seus números negros, me assombrava!

Mas a alga usufrutuária dos oceanos
E os malacopterígios sub-raquianos
Que um castigo de espécie emudeceu,

No eterno horror das convulsões marítimas
Pareciam também corpos de vítimas
Condenadas à Morte, assim como eu!

VANDALISMO

Meu coração tem catedrais imensas,
Templos de priscas e longínquas datas,
Onde um nume de amor, em serenatas,
Canta a aleluia virginal das crenças.

Na ogiva fúlgida e nas colunatas
Vertem lustrais irradiações intensas
Cintilações de lâmpadas suspensas
E as ametistas e os florões e as pratas.

Como os velhos Templários medievais
Entrei um dia nessas catedrais
E nesses templos claros e risonhos...

E erguendo os gládios e brandindo as hastas,
No desespero dos iconoclastas
Quebrei a imagem dos meus próprios sonhos!

VERSOS ÍNTIMOS

Vês?! Ninguém assistiu ao formidável
Enterro de tua última quimera.
Somente a Ingratidão – esta pantera –
Foi tua companheira inseparável!

Acostuma-te à lama que te espera!
O Homem, que, nesta terra miserável,
Mora, entre feras, sente inevitável
Necessidade de também ser fera.

Toma um fósforo. Acende teu cigarro!
O beijo, amigo, é a véspera do escarro,
A mão que afaga é a mesma que apedreja.

Se a alguém causa inda pena a tua chaga,
Apedreja essa mão vil que te afaga,
Escarra nessa boca que te beija!

VENCEDOR

Toma as espadas rútilas, guerreiro,
E à rutilância das espadas, toma
A adaga de aço, o gládio de aço, e doma
Meu coração – estranho carniceiro!

Não podes?! Chama então presto o primeiro
E o mais possante gladiador de Roma.
E qual mais pronto, e qual mais presto assoma,
Nenhum pôde domar o prisioneiro.

Meu coração triunfava nas arenas.
Veio depois um domador de hienas
E outro mais, e, por fim, veio um atleta,

Vieram todos, por fim; ao todo, uns cem...
E não pôde domá-lo enfim ninguém,
Que ninguém doma um coração de poeta!

A ILHA DE CIPANGO

Estou sozinho! A estrada se desdobra
Como uma imensa e rutilante cobra
De epiderme finíssima de areia...
E por essa finíssima epiderme
Eis-me passeando como um grande verme
Que, ao sol, em plena podridão, passeia!

A agonia do sol vai ter começo!
Caio de joelhos, trêmulo... Ofereço
Preces a Deus de amor e de respeito
E o Ocaso que nas águas se retrata
Nitidamente reproduz, exata,
A saudade interior que há no meu peito...

Tenho alucinações de toda a sorte...
Impressionado sem cessar com a Morte
E sentindo o que um lázaro não sente,
Em negras nuanças lúgubres e aziagas
Vejo terribilíssimas adagas,
Atravessando os ares bruscamente.

Os olhos volvo para o céu divino
E observo-me pigmeu e pequenino
Através de minúsculos espelhos.
Assim, quem diante duma cordilheira,
Para, entre assombros, pela vez primeira,
Sente vontade de cair de joelhos!

Soa o rumor fatídico dos ventos,
Anunciando desmoronamentos
De mil lajedos sobre mil lajedos...
E ao longe soam trágicos fracassos
De heróis, partindo e fraturando os braços
Nas pontas escarpadas dos rochedos!

Mas de repente, num enleio doce,
Qual se num sonho arrebatado fosse,
Na ilha encantada de Cipango tombo,
Da qual, no meio, em luz perpétua, brilha
A árvore da perpétua maravilha,
À cuja sombra descansou Colombo!

Foi nessa ilha encantada de Cipango,
Verde, afetando a forma de um losango,
Rica, ostentando amplo floral risonho,
Que Toscanelli viu seu sonho extinto
E como sucedeu a Afonso Quinto
Foi sobre essa ilha que extingui meu sonho!

Lembro-me bem. Nesse maldito dia
O gênio singular da Fantasia
Convidou-me a sorrir para um passeio...
Iríamos a um país de eternas pazes
Onde em cada deserto há mil oásis
E em cada rocha um cristalino veio.

Gozei numa hora séculos de afagos,
Banhei-me na água de risonhos lagos,
E finalmente me cobri de flores...
Mas veio o vento que a Desgraça espalha
E cobriu-me com o pano da mortalha,
Que estou cosendo para os meus amores!

Desde então para cá fiquei sombrio!
Um penetrante e corrosivo frio
Anestesiou-me a sensibilidade
E a grandes golpes arrancou as raízes
Que prendiam meus dias infelizes
A um sonho antigo de felicidade!

Invoco os Deuses salvadores do erro.
A tarde morre. Passa o seu enterro!...
A Luz descreve zigue-zagues tortos
Enviando à terra os derradeiros beijos.
Pela estrada feral dois realejos
Estão chorando meus amores mortos!

E a treva ocupa toda a estrada longa...
O Firmamento é uma caverna oblonga
Em cujo fundo a Via-Láctea existe.
E como agora a lua cheia brilha!
Ilha maldita vinte vezes a ilha
Que para todo o sempre me fez triste!

MATER

Como a crisálida emergindo do ovo
Para que o campo flórido a concentre,
Assim, oh! Mãe, sujo de sangue, um novo
Ser, entre dores, te emergiu do ventre!

E puseste-lhe, haurindo amplo deleite,
No lábio róseo a grande teta farta
– Fecunda fonte desse mesmo leite
Que amamentou os efebos de Esparta. –

Com que avidez ele essa fonte suga!
Ninguém mais com a Beleza está de acordo,
Do que essa pequenina sanguessuga,
Bebendo a vida no teu seio gordo!

Pois, quanto a mim, sem pretensões, comparo,
Essas humanas coisas pequeninas
A um *biscuit* de quilate muito raro
Exposto aí, à amostra, nas vitrinas.

Mas o ramo fragílimo e venusto
Que hoje nas débeis gêmulas se esboça,
Há de crescer, há de tornar-se arbusto
E álamo altivo de ramagem grossa.

Clara, a atmosfera se encherá de aromas,
O Sol virá das épocas sadias...
E o antigo leão, que te esgotou as pomas,
Há de beijar-te as mãos todos os dias!

Quando chegar depois tua velhice
Batida pelos bárbaros invernos,
Relembrarás chorando o que eu te disse,
À sombra dos sicômoros eternos!

POEMA NEGRO

A Santos Neto

Para iludir minha desgraça, estudo.
Intimamente sei que não me iludo.
Para onde vou (o mundo inteiro o nota)
Nos meus olhares fúnebres, carrego
A indiferença estúpida de um cego
E o ar indolente de um chinês idiota!

A passagem dos séculos me assombra.
Para onde irá correndo minha sombra
Nesse cavalo de eletricidade?!
Caminho, e a mim pergunto, na vertigem:
– Quem sou? Para onde vou? Qual minha
[origem?
E parece-me um sonho a realidade.

Em vão com o grito do meu peito impreco!
Dos brados meus ouvindo apenas o eco,
Eu torço os braços numa angústia douda
E muita vez, à meia-noite, rio →

Sinistramente, vendo o verme frio
Que há de comer a minha carne toda!

É a Morte – esta carnívora assanhada –
Serpente má de língua envenenada
Que tudo que acha no caminho, come...
– Faminta e atra mulher que, a 1 de Janeiro,
Sai para assassinar o mundo inteiro,
E o mundo inteiro não lhe mata a fome!

Nesta sombria análise das cousas,
Corro. Arranco os cadáveres das lousas
E as suas partes podres examino...
Mas de repente, ouvindo um grande estrondo,
Na podridão daquele embrulho hediondo
Reconheço assombrado o meu Destino!

Surpreendo-me, sozinho, numa cova.
Então meu desvario se renova...
Como que, abrindo todos os jazigos,
A Morte, em trajes pretos e amarelos,
Levanta contra mim grandes cutelos
E as baionetas dos dragões antigos!

E quando vi que aquilo vinha vindo
Eu fui caindo como um sol caindo
De declínio em declínio; e de declínio
Em declínio, com a gula de uma fera,
Quis ver o que era, e quando vi o que era,
Vi que era pó, vi que era esterquilínio!

Chegou a tua vez, oh! Natureza!
Eu desafio agora essa grandeza, →

Perante a qual meus olhos se extasiam...
Eu desafio, desta cova escura,
No histerismo danado da tortura
Todos os monstros que os teus peitos criam.

Tu não és minha mãe, velha nefasta!
Com o teu chicote frio de madrasta
Tu me açoitaste vinte e duas vezes...
Por tua causa apodreci nas cruzes,
Em que pregas os filhos que produzes
Durante os desgraçados nove meses!

Semeadora terrível de defuntos,
Contra a agressão dos teus contrastes juntos
A besta, que em mim dorme, acorda em berros;
Acorda, e após gritar a última injúria,
Chocalha os dentes com medonha fúria
Como se fosse o atrito de dois ferros!

Pois bem! Chegou minha hora de vingança.
Tu mataste o meu tempo de criança
E de segunda-feira até domingo,
Amarrado no horror de tua rede,
Deste-me fogo quando eu tinha sede...
Deixa-te estar, canalha, que eu me vingo!

Súbito outra visão negra me espanta!
Estou em Roma. É Sexta-feira Santa.
A treva invade o obscuro orbe terrestre.
No Vaticano, em grupos prosternados,
Com as longas fardas rubras, os soldados
Guardam o corpo do Divino Mestre.

Como as estalactites da caverna,
Cai no silêncio da Cidade Eterna
A água da chuva em largos fios grossos...
De Jesus Cristo resta unicamente
Um esqueleto; e a gente, vendo-o, a gente
Sente vontade de abraçar-lhe os ossos!

Não há ninguém na estrada da Ripetta.
Dentro da Igreja de São Pedro, quieta,
As luzes funerais arquejam fracas...
O vento entoa cânticos de morte.
Roma estremece! Além, num rumor forte,
Recomeça o barulho das matracas.

A desagregação da minha Ideia
Aumenta. Como as chagas da morfeia
O medo, o desalento e o desconforto
Paralisam-me os círculos motores.
Na Eternidade, os ventos gemedores
Estão dizendo que Jesus é morto!

Não! Jesus não morreu! Vive na serra
Da Borborema, no ar de minha terra,
Na molécula e no átomo... Resume
A espiritualidade da matéria
E ele é que embala o corpo da miséria
E faz da cloaca uma urna de perfume.

Na agonia de tantos pesadelos
Uma dor bruta puxa-me os cabelos.
Desperto. É tão vazia a minha vida!
No pensamento desconexo e falho
Trago as cartas confusas de um baralho
E um pedaço de cera derretida!

Dorme a casa. O céu dorme. A árvore dorme.
Eu, somente eu, com a minha dor enorme
Os olhos ensanguento na vigília!
E observo, enquanto o horror me corta a fala,
O aspecto sepulcral da austera sala
E a impassibilidade da mobília.

Meu coração, como um cristal, se quebre;
O termômetro negue minha febre,
Torne-se gelo o sangue que me abrasa,
E eu me converta na cegonha triste
Que das ruínas duma casa assiste
Ao desmoronamento de outra casa!

Ao terminar este sentido poema
Onde vazei a minha dor suprema
Tenho os olhos em lágrimas imersos...
Rola-me na cabeça o cérebro oco.
Por ventura, meu Deus, estarei louco?!
Daqui por diante não farei mais versos.

ETERNA MÁGOA

O homem por sobre quem caiu a praga
Da tristeza do Mundo, o homem que é triste
Para todos os séculos existe
E nunca mais o seu pesar se apaga!

Não crê em nada, pois, nada há que traga
Consolo à Mágoa, a que só ele assiste.
Quer resistir, e quanto mais resiste
Mais se lhe aumenta e se lhe afunda a chaga.

Sabe que sofre, mas o que não sabe
É que essa mágoa infinda assim, não cabe
Na sua vida, é que essa mágoa infinda

Transpõe a vida do seu corpo inerme;
E quando esse homem se transforma em verme
É essa mágoa que o acompanha ainda!

QUEIXAS NOTURNAS

Quem foi que viu a minha Dor chorando?!
Saio. Minh'alma sai agoniada.
Andam monstros sombrios pela estrada
E pela estrada, entre estes monstros, ando!

Não trago sobre a túnica fingida
As insígnias medonhas do infeliz
Como os falsos mendigos de Paris
Na atra rua de Santa Margarida.

O quadro de aflições que me consomem
O próprio Pedro Américo não pinta...
Para pintá-lo, era preciso a tinta
Feita de todos os tormentos do homem!

Como um ladrão sentado numa ponte
Espera alguém, armado de arcabuz,
Na ânsia incoercível de roubar a luz,
Estou à espera de que o Sol desponte!

Bati nas pedras dum tormento rude
E a minha mágoa de hoje é tão intensa
Que eu penso que a Alegria é uma doença
E a Tristeza é minha única saúde.

As minhas roupas, quero até rompê-las!
Quero, arrancado das prisões carnais,
Viver na luz dos astros imortais,
Abraçado com todas as estrelas!

A Noite vai crescendo apavorante
E dentro do meu peito, no combate,
A Eternidade esmagadora bate
Numa dilatação exorbitante!

E eu luto contra a universal grandeza
Na mais terrível desesperação
É a luta, é o prélio enorme, é a rebelião
Da criatura contra a natureza!

Para essas lutas uma vida é pouca
Inda mesmo que os músculos se esforcem;
Os pobres braços do mortal se torcem
E o sangue jorra, em coalhos, pela boca.

E muitas vezes a agonia é tanta
Que, rolando dos últimos degraus,
O Hércules treme e vai tombar no caos
De onde seu corpo nunca mais levanta!

É natural que esse Hércules se estorça,
E tombe para sempre nessas lutas,
Estrangulado pelas rodas brutas
Do mecanismo que tiver mais força.

Ah! Por todos os séculos vindouros
Há de travar-se essa batalha vã
Do dia de hoje contra o de amanhã,
Igual à luta dos cristãos e mouros!

Sobre histórias de amor o interrogar-me
É vão, é inútil, é improfícuo, em suma;
Não sou capaz de amar mulher alguma
Nem há mulher talvez capaz de amar-me.

O amor tem favos e tem caldos quentes
E ao mesmo tempo que faz bem, faz mal;
O coração do Poeta é um hospital
Onde morreram todos os doentes.

Hoje é amargo tudo quanto eu gosto;
A bênção matutina que recebo...
E é tudo: o pão que como, a água que bebo,
O velho tamarindo a que me encosto!

Vou enterrar agora a harpa boêmia
Na atra e assombrosa solidão feroz
Onde não cheguem o eco duma voz
E o grito desvairado da blasfêmia!

Que dentro de minh'alma americana
Não mais palpite o coração – esta arca,
Este relógio trágico que marca
Todos os atos da tragédia humana!

Seja esta minha queixa derradeira
Cantada sobre o túmulo de Orfeu;
Seja este, enfim, o último canto meu
Por esta grande noite brasileira!

Melancolia! Estende-me a tu'asa!
És a árvore em que devo reclinar-me...
Se algum dia o Prazer vier procurar-me
Dize a este monstro que eu fugi de casa!

INSÔNIA

Noite. Da Mágoa o espírito noctâmbulo
Passou de certo por aqui chorando!
Assim, em mágoa, eu também vou passando
Sonâmbulo... sonâmbulo... sonâmbulo...

Que voz é esta que a gemer concentro
No meu ouvido e que do meu ouvido
Como um bemol e como um sustenido
Rola impetuosa por meu peito adentro?!

– Por que é que este gemido me acompanha?!
Mas dos meus olhos no sombrio palco
Súbito surge como um catafalco
Uma cidade ao mapa-múndi estranha.

A dispersão dos sonhos vagos reúno.
Desta cidade pelas ruas erra
A procissão dos Mártires da Terra
Desde os Cristãos até Giordano Bruno!

Vejo diante de mim Santa Francisca
Que com o cilício as tentações suplanta,
E invejo o sofrimento desta Santa,
Em cujo olhar o Vício não faísca!

Se eu pudesse ser puro! Se eu pudesse,
Depois de embebedado deste vinho,
Sair da vida puro como o arminho
Que os cabelos dos velhos embranquece!

Por que cumpri o universal ditame?!
Pois se eu sabia onde morava o Vício,
Por que não evitei o precipício
Estrangulando minha carne infame?!

Até que dia o intoxicado aroma
Das paixões torpes sorverei contente?
E os dias correrão eternamente?!
E eu nunca sairei desta Sodoma?!

À proporção que a minha insônia aumenta
Hieróglifos e esfinges interrogo...
Mas, triunfalmente, nos céus altos, logo
Toda a alvorada esplêndida se ostenta.

Vagueio pela Noite decaída...
No espaço a luz de Aldebarã e de Árgus
Vai projetando sobre os campos largos
O derradeiro fósforo da Vida.

O Sol, equilibrando-se na esfera,
Restitui-me a pureza da hematose
E então uma interior metamorfose
Nas minhas arcas cerebrais se opera.

O odor da margarida e da begônia
Subitamente me penetra o olfato...
Aqui, neste silêncio e neste mato,
Respira com vontade a alma campônia!

Grita a satisfação na alma dos bichos.
Incensa o ambiente o fumo dos cachimbos.
As árvores, as flores, os corimbos,
Recordam santos nos seus próprios nichos.

Com o olhar a verde periferia abarco.
Estou alegre. Agora, por exemplo,
Cercado destas árvores, contemplo
As maravilhas reais do meu Pau d'Arco!

Cedo virá, porém, o funerário,
Atro dragão da escura noite, hedionda,
Em que o Tédio, batendo na alma, estronda
Como um grande trovão extraordinário.

Outra vez serei pábulo do susto
E terei outra vez de, em mágoa imerso,
Sacrificar-me por amor do Verso
No meu eterno leito de Procusto!

BARCAROLA

Cantam nautas, choram flautas
Pelo mar e pelo mar
Uma sereia a cantar
Vela o Destino dos nautas.

Espelham-se os esplendores
Do céu, em reflexos, nas
Águas, fingindo cristais
Das mais deslumbrantes cores.

Em fulvos filões dourados
Cai a luz dos astros por
Sobre o marítimo horror
Como globos estrelados.

Lá onde as rochas se assentam
Fulguram como outros sóis
Os flamívomos faróis
Que os navegantes orientam.

Vai uma onda, vem outra onda
E nesse eterno vaivém
Coitadas! não acham quem,
Quem as esconda, as esconda...

Alegoria tristonha
Do que pelo Mundo vai!
Se um sonha e se ergue, outro cai;
Se um cai, outro se ergue e sonha.

Mas desgraçado do pobre
Que em meio da Vida cai!
Esse não volta, esse vai
Para o túmulo que o cobre.

Vagueia um poeta num barco.
O Céu, de cima, a luzir
Como um diamante de Ofir
Imita a curva de um arco.

A Lua – globo de louça –
Surgiu, em lúcido véu.
Cantam! Os astros do Céu
Ouçam e a Lua Cheia ouça!

Ouça do alto a Lua Cheia
Que a sereia vai falar...
Haja silêncio no mar
Para se ouvir a sereia.

Que é que ela diz?! Será uma
História de amor feliz?
Não! O que a sereia diz
Não é história nenhuma.

É como um *requiem* profundo
De tristíssimos bemóis...
Sua voz é igual à voz
Das dores todas do mundo.

"Fecha-te nesse medonho
"Reduto de Maldição,
"Viajeiro da Extrema-Unção,
"Sonhador do último sonho!

"Numa redoma ilusória
"Cercou-te a glória falaz,
"Mas nunca mais, nunca mais
"Há de cercar-te essa glória!

"Nunca mais! Sê, porém, forte.
"O poeta é como Jesus!
"Abraça-te à tua Cruz
"E morre, poeta da Morte!"

– E disse e porque isto disse
O luar no Céu se apagou...
Súbito o barco tombou
Sem que o poeta o pressentisse!

Vista de luto o Universo
E Deus se enlute no Céu!
Mais um poeta que morreu,
Mais um coveiro do Verso!

Cantam nautas, choram flautas
Pelo mar e pelo mar
Uma sereia a cantar
Vela o Destino dos nautas!

TRISTEZAS DE UM QUARTO MINGUANTE

Quarto Minguante! E, embora a lua o aclare,
Este *Engenho Pau d'Arco* é muito triste...
Nos engenhos da *várzea* não existe
Talvez um outro que se lhe equipare!

Do observatório em que eu estou situado
A lua magra, quando a noite cresce,
Vista, através do vidro azul, parece
Um paralelepípedo quebrado!

O sono esmaga o encéfalo do povo.
Tenho 300 quilos no epigastro...
Dói-me a cabeça. Agora a cara do astro
Lembra a metade de uma casca de ovo.

Diabo! não ser mais tempo de milagre!
Para que esta opressão desapareça
Vou amarrar um pano na cabeça,
Molhar a minha fronte com vinagre.

Aumentam-se-me então os grandes medos.
O hemisfério lunar se ergue e se abaixa
Num desenvolvimento de borracha,
Variando à ação mecânica dos dedos!

Vai-me crescendo a aberração do sonho.
Morde-me os nervos o desejo doudo
De dissolver-me, de enterrar-me todo
Naquele semicírculo medonho!

Mas tudo isto é ilusão de minha parte!
Quem sabe se não é porque não saio
Desde que, 6ª feira, 3 de maio,
Eu escrevi os meus Gemidos de Arte?!

A lâmpada a estirar línguas vermelhas
Lambe o ar. No bruto horror que me arrebata,
Como um degenerado psicopata
Eis-me a contar o número das telhas!

– Uma, duas, três, quatro... E aos tombos, tonta
Sinto a cabeça e a conta perco; e, em suma,
A conta recomeço, em ânsias: – Uma...
Mas novamente eis-me a perder a conta!

Sucede a uma tontura outra tontura.
– Estarei morto?! E a esta pergunta estranha
Responde a Vida – aquela grande aranha
Que anda tecendo a minha desventura! –

A luz do quarto diminuindo o brilho
Segue todas as fases de um eclipse...
Começo a ver coisas de Apocalipse
No triângulo escaleno do ladrilho!

Deito-me enfim. Ponho o chapéu num gancho.
Cinco lençóis balançam numa corda,
Mas aquilo mortalhas me recorda,
E o amontoamento dos lençóis desmancho.

Vêm-me à imaginação sonhos dementes.
Acho-me, por exemplo, numa festa...
Tomba uma torre sobre a minha testa,
Caem-me de uma só vez todos os dentes!

Então dois ossos roídos me assombraram...
– "Por ventura haverá quem queira roer-nos?!
Os vermes já não querem mais comer-nos
E os formigueiros já nos desprezaram".

Figuras espectrais de bocas tronchas
Tornam-me o pesadelo duradouro...
Choro e quero beber a água do choro
Com as mãos dispostas à feição de conchas.

Tal uma planta aquática submersa,
Antegozando as últimas delícias
Mergulho as mãos – vis raízes adventícias –
No algodão quente de um tapete persa.

Por muito tempo rolo no tapete,
Súbito me ergo. A lua é morta. Um frio
Cai sobre o meu estômago vazio
Como se fosse um copo de sorvete!

A alta frialdade me insensibiliza;
O suor me ensopa. Meu tormento é infindo...
Minha família ainda está dormindo
E eu não posso pedir outra camisa!

Abro a janela. Elevam-se fumaças
Do engenho enorme. A luz fulge abundante
E em vez do sepulcral Quarto Minguante
Vi que era o sol batendo nas vidraças.

Pelos respiratórios tênues tubos
Dos poros vegetais, no ato da entrega
Do mato verde, a terra resfolega
Estrumada, feliz, cheia de adubos.

Côncavo, o céu, radiante e estriado, observa
A universal criação. Broncos e feios,
Vários reptis cortam os campos, cheios
Dos tenros tinhorões e da úmida erva.

Babujada por baixos beiços brutos,
No húmus feraz, hierática, se ostenta
A monarquia da árvore opulenta
Que dá aos homens o óbolo dos frutos.

De mim diverso, rígido e de rastos
Com a solidez do tegumento sujo
Sulca, em diâmetro, o solo um caramujo
Naturalmente pelos mata-pastos.

Entretanto, passei o dia inquieto,
A ouvir, nestes bucólicos retiros,
Toda a salva fatal de 21 tiros
Que festejou os funerais de Hamleto!

Ah! Minha ruína é pior do que a de Tebas!
Quisera ser, numa última cobiça,
A fatia esponjosa de carniça
Que os corvos comem sobre as jurubebas!

Porque, longe do pão com que me nutres
Nesta hora, oh! Vida em que a sofrer me
[exortas
Eu estaria como as bestas mortas
Pendurado no bico dos abutres!

MISTÉRIOS DE UM FÓSFORO

Pego de um fósforo. Olho-o. Olho-o ainda.
[Risco-o
Depois. E o que depois fica e depois
Resta é um ou, por outra, é mais de um, são dois
Túmulos dentro de um carvão promíscuo.

Dois são, porque um, certo, é do sonho assíduo
Que a individual psique humana tece e
O outro é o do sonho altruístico da espécie
Que é o *substractum* dos sonhos do indivíduo!

E exclamo, ébrio, a esvaziar báquicos odres:
– "Cinza, síntese má da podridão,
"Miniatura alegórica do chão,
"Onde os ventres maternos ficam podres;

"Na tua clandestina e erma alma vasta,
"Onde nenhuma lâmpada se acende,
"Meu raciocínio sôfrego surpreende
"Todas as formas da matéria gasta!"

Raciocinar! Aziaga contingência!
Ser quadrúpede! Andar de quatro pés
É mais do que ser Cristo e ser Moisés
Porque é ser animal sem ter consciência!

Bêbedo, os beiços na ânfora ínfima, harto,
Mergulho, e na ínfima ânfora, harto, sinto
O amargor específico do absinto
E o cheiro animalíssimo do parto!

E afogo mentalmente os olhos fundos
Na amorfia da cítula inicial,
De onde, por epigênese geral,
Todos os organismos são oriundos.

Presto, irrupto, através ovoide e hialino
Vidro, aparece, amorfo e lúrído, ante
Minha massa encefálica minguante
Todo o gênero humano intrauterino!

É o caos da avita víscera avarenta
– Mucosa nojentíssima de pus,
A nutrir diariamente os fetos nus
Pelas vilosidades da placenta! –

Certo, o arquitetural e íntegro aspecto
Do mundo o mesmo inda é, que, ora, o que nele
Morre, sou eu, sois vós, é todo aquele
Que vem de um ventre inchado, ínfimo e infecto!

É a flor dos genealógicos abismos
– Zooplasma pequeníssimo e plebeu,
De onde o desprotegido homem nasceu
Para a fatalidade dos tropismos. –

Depois, é o céu abscôndito do Nada,
É este ato extraordinário de morrer
Que há de, na última hebdômada, atender
Ao pedido da célula cansada!

Um dia restará, na terra instável,
De minha antropocêntrica matéria
Numa côncava xícara funérea
Uma colher de cinza miserável!

Abro na treva os olhos quase cegos.
Que mão sinistra e desgraçada encheu
Os olhos tristes que meu Pai me deu
De alfinetes, de agulhas e de pregos?!

Pesam sobre o meu corpo oitenta arráteis!
Dentro um dínamo déspota, sozinho,
Sob a morfologia de um moinho,
Move todos os meus nervos vibráteis.

Então, do meu espírito, em segredo,
Se escapa, dentre as tênebras, muito alto,
Na síntese acrobática de um salto,
O espectro angulosíssimo do Medo!

Em cismas filosóficas me perco
E vejo, como nunca outro homem viu,
Na anfigonia que me produziu
Nonilhões de moléculas de esterco.

Vida, mônada vil, cósmico zero,
Migalha de albumina semifluida,
Que fez a boca mística do druida
E a língua revoltada de Lutero;

Teus gineceus prolíficos envolvem
Cinza fetal!... Basta um fósforo só
Para mostrar a incógnita de pó,
Em que todos os seres se resolvem!

Ah! Maldito o conúbio incestuoso
Dessas afinidades eletivas,
De onde quimicamente tu derivas,
Na aclamação simbiótica do gozo!

O enterro de minha última neurona
Desfila... E eis-me outro fósforo a riscar.
E esse acidente químico vulgar
Extraordinariamente me impressiona!

Mas minha crise artrítica não tarda.
Adeus! Que eu vejo enfim, com a alma vencida,
Na abjeção embriológica da vida
O futuro de cinza que me aguarda!

OUTRAS POESIAS

O LAMENTO DAS COISAS

Triste, a escutar, pancada por pancada,
A sucessividade dos segundos,
Ouço, em sons subterrâneos, do Orbe oriundos,
O choro da Energia abandonada!

É a dor da Força desaproveitada
– O cantochão dos dínamos profundos,
Que, podendo mover milhões de mundos,
Jazem ainda na estática do Nada!

É o soluço da forma ainda imprecisa...
Da transcendência que se não realiza...
Da luz que não chegou a ser lampejo...

E é em suma, o subconsciente aí formidando
Da Natureza que parou, chorando,
No rudimentarismo do Desejo!

O MEU NIRVANA

No alheamento da obscura forma humana,
De que, pensando, me desencarcero,
Foi que eu, num grito de emoção, sincero
Encontrei, afinal, o meu Nirvana!

Nessa manumissão schopenhauereana,
Onde a Vida do humano aspecto fero
Se desarraiga, eu, feito força, impero
Na imanência da Ideia Soberana!

Destruída a sensação que oriunda fora
Do tato – ínfima antena aferidora
Destas tegumentárias mãos plebeias –

Gozo o prazer, que os anos não carcomem,
De haver trocado a minha forma de homem
Pela imortalidade das Ideias!

CAPUT IMMORTALE

Ad poetam

Na dinâmica aziaga das descidas,
Aglomeradamente e em turbilhão
Solucem dentro do Universo ancião,
Todas as urbes siderais vencidas!

Morra o éter. Cesse a luz. Parem as vidas.
Sobre a pancosmológica exaustão
Reste apenas o acervo árido e vão
Das muscularidades consumidas!

Ainda assim, a animar o cosmos ermo,
Morto o comércio físico nefando,
Oh! Nauta aflito do Subliminal,

Como a última expressão da Dor sem termo,
Tua cabeça há de ficar vibrando
Na negatividade universal!

APÓSTROFE À CARNE

Quando eu pego nas carnes do meu rosto,
Pressinto o fim da orgânica batalha:
– Olhos que o húmus necrófago estraçalha,
Diafragmas, decompondo-se, ao sol posto...

E o Homem – negro e heteróclito composto,
Onde a alva flama psíquica trabalha,
Desagrega-se e deixa na mortalha
O tato, a vista, o ouvido, o olfato e o gosto!

Carne, feixe de mônadas bastardas,
Conquanto em flâmeo fogo efêmero ardas,
A dardejar relampejantes brilhos,

Dói-me ver, muito embora a alma te acenda,
Em tua podridão a herança horrenda,
Que eu tenho de deixar para os meus filhos!

LOUVOR À UNIDADE

"Escafandros, arpões, sondas e agulhas
"Debalde aplicas aos heterogêneos
"Fenômenos, e, há inúmeros milênios,
"Num pluralismo hediondo o olhar mergulhas!

"Une, pois, a irmanar diamantes e hulhas,
"Com essa intuição monística dos gênios,
"À hirta forma falaz do *aere perennius*
"A transitoriedade das fagulhas!"

– Era a estrangulação, sem retumbância,
Da multimilenária dissonância
Que as harmonias siderais invade...

Era, numa alta aclamação, sem gritos,
O regresso dos átomos aflitos
Ao descanso perpétuo da Unidade!

O PÂNTANO

Podem vê-lo, sem dor, meus semelhantes!...
Mas, para mim que a Natureza escuto,
Este pântano é o túmulo absoluto,
De todas as grandezas começantes!

Larvas desconhecidas de gigantes
Sobre o seu leito de peçonha e luto
Dormem tranquilamente o sono bruto
Dos superorganismos ainda infantes!

Em sua estagnação arde uma raça,
Tragicamente, à espera de quem passa
Para abrir-lhe, às escâncaras, a porta...

E eu sinto a angústia dessa raça ardente
Condenada a esperar perpetuamente
No universo esmagado da água morta!

SUPRÊME CONVULSION

O equilíbrio do humano pensamento
Sofre também a súbita ruptura,
Que produz muita vez, na noite escura,
A convulsão meteórica do vento.

E a alma o obnóxio quietismo sonolento
Rasga; e, opondo-se à Inércia, é a essência pura,
É a síntese, é o transunto, é a abreviatura
De todo o ubiquitário Movimento!

Sonho, – libertação do homem cativo –
Ruptura do equilíbrio subjetivo,
Ah! foi teu beijo convulsionador

Que produziu este contraste fundo
Entre a abundância do que eu sou, no Mundo,
E o nada do meu homem interior!

A UM GÉRMEN

Começaste a existir, geleia crua,
E hás de crescer, no teu silêncio, tanto
Que, é natural, ainda algum dia, o pranto
Das tuas concreções plásmicas flua!

A água, em conjugação com a terra nua,
Vence o granito, deprimindo-o... O espanto
Convulsiona os espíritos, e, entanto,
Teu desenvolvimento continua!

Antes, geleia humana, não progridas
E em retrogradações indefinidas,
Volvas à antiga inexistência calma!...

Antes o Nada, oh! gérmen, que ainda haveres
De atingir, como o gérmen de outros seres,
Ao supremo infortúnio de ser alma!

NATUREZA ÍNTIMA

Ao filósofo Farias Brito

Cansada de observar-se na corrente
Que os acontecimentos refletia,
Reconcentrando-se em si mesma, um dia,
A Natureza olhou-se interiormente!

Baldada introspecção! Noumenalmente
O que Ela, em realidade, ainda sentia
Era a mesma imortal monotonia
De sua face externa indiferente!

E a Natureza disse com desgosto:
"Terei somente, porventura, rosto?!
"Serei apenas mera crusta espessa?!

"Pois é possível que Eu, causa do Mundo,
"Quanto mais em mim mesma me aprofundo,
"Menos interiormente me conheça?!"

A FLORESTA

Em vão com o mundo da floresta privas!...
– Todas as hermenêuticas sondagens,
Ante o hieroglifo e o enigma das folhagens,
São absolutamente negativas!

Araucárias, traçando arcos de ogivas,
Bracejamentos de alamos selvagens,
Como um convite para estranhas viagens,
Tornam todas as almas pensativas!

Há uma força vencida nesse mundo!
Todo o organismo florestal profundo
É dor viva, trancada num disfarce...

Vivem só, nele, os elementos broncos,
– As ambições que se fizeram troncos,
Porque nunca puderam realizar-se!

A MERETRIZ

A rua dos destinos desgraçados
Faz medo. O Vício estruge. Ouvem-se os brados
Da danação carnal... Lúbrica, à lua,
Na sodomia das mais negras bodas
Desarticula-se, em coréas doudas,
Uma mulher completamente nua!

É a meretriz que, de cabelos ruivos,
Bramando, ébria e lasciva, hórridos uivos
Na mesma esteira pública, recebe,
Entre farraparias e esplendores,
O eretismo das classes superiores
E o orgasmo bastardíssimo da plebe!

É ela que, aliando, à luz do olhar protervo,
O indumento vilíssimo do servo
Ao brilho da augustal *toga pretexta,*
Sente, alta noite, em contorções sombrias,
Na vacuidade das entranhas frias
O esgotamento intrínseco da besta!

É ela que, hirta, a arquivar credos desfeitos,
Com as mãos chagadas, espremendo os peitos,
Reduzidos, por fim, a âmbulas moles,
Sofre em cada molécula a angústia alta
De haver secado, como o estepe, à falta
Da água criadora que alimenta as proles!

É ela que, arremessada sobre o rude
Despenhadeiro da decrepitude,
Na vizinhança aziaga dos ossuários
Representa, através os meus sentidos,
A escuridão dos gineceus falidos
E a desgraça de todos os ovários!

Irrita-se-lhe a carne à meia-noite.
Espicaça-a a ignomínia, excita-a o açoite
Do incêndio que lhe inflama a língua espúria.
E a mulher, funcionária dos instintos,
Com a roupa amarfanhada e os beiços tintos,
Gane instintivamente de luxúria!

Navio para o qual todos os portos
Estão fechados, urna de ovos mortos,
Chão de onde uma só planta não rebenta,
Ei-la, de bruços, bêbeda de gozo
Saciando o geotropismo pavoroso
De unir o corpo à terra famulenta!

Nesse espolinhamento repugnante
O esqueleto irritado da bacante
Estrala... Lembra o ruído harto azorrague
A vergastar ásperos dorsos grossos.
E é aterradora essa alegria de ossos
Pedindo ao sensualismo que os esmague!

É o pseudorregozijo dos eunucos
Por natureza, dos que são caducos
Desde que a Mãe-Comum lhes deu início...
É a dor profunda da incapacidade
Que, pela própria hereditariedade
A lei da seleção disfarça em Vício!

É o júbilo aparente da alma quase
A eclipsar-se, no horror da ocídua fase
Esterilizadora de órgãos... É o hino
Da matéria incapaz, filha do inferno,
Pagando com volúpia o crime eterno
De não ter sido fiel ao seu destino!

É o Desespero que se faz bramido
De anelo animalíssimo incontido,
Mais que a vaga incoercível na água oceânea...
É a Carne que, já morta essencialmente,
Para a Finalidade Transcendente
Gera o prodígio anímico da Insânia!

Nas frias antecâmaras do Nada
O fantasma da fêmea castigada,
Passa agora ao clarão da lua acesa
E é seu corpo expiatório, alvo e desnudo
A síntese eucarística de tudo
Que não se realizou na Natureza!

Antigamente, aos tácitos apelos
Das suas carnes e dos seus cabelos,
Na óptica abreviatura de um reflexo,
Fulgia, em cada humana nebulosa,
Toda a sensualidade tempestuosa
Dos apetites bárbaros do Sexo!

O atavismo das raças sibaritas,
Criando concupiscências infinitas
Como eviterno lobo insatisfeito;
Na homofagia hedionda que o consome,
Vinha saciar a milenária fome
Dentro das abundâncias do seu leito!

Toda a libidinagem dos mormaços
Americanos fluía-lhe dos braços,
Irradiava-se-lhe, hírcica, das veias
E em torrencialidades quentes e úmidas,
Gorda a escorrer-lhe das artérias túmidas
Lembrava um transbordar de ânforas cheias.

A hora da morte acende-lhe o intelecto
E à úmida habitação do vício abjecto
Afluem milhões de sóis, rubros, radiando...
Resíduos memoriais tornam-se luzes
Fazem-se ideias e ela vê as cruzes
Do seu martirológio miserando!

Inícios atrofiados de ética, ânsia
De perfeição, sonhos de culminância,
Libertos da ancestral modorra calma,
Saem da infância embrionária e erguem-se, adultos,
Lançando a sombra horrível dos seus vultos
Sobre a noite fechada daquela alma!

É o sublevantamento coletivo
De um mundo inteiro que aparece vivo,
Numa cenografia de diorama,
Que, momentaneamente luz fecunda,
Brilha na prostituta moribunda
Como a fosforescência sobre a lama!

É a visita alarmante do que outrora
Na abundância prospérrima da aurora,
Pudera progredir, talvez, decerto,
Mas que, adstrito a inferior plasma inconsútil,
Ficou rolando, como aborto inútil,
Como o .... do deserto!

Vede! A prostituição ofídia aziaga
Cujo tóxico instila a infâmia, e a estraga
Na delinquência........ impune,
Agarrou-se-lhe aos seios impudicos
Como o abraço mortífero do *Ficus*
Sugando a seiva da árvore a que se une!

....
....
....
....
....
....

Enroscou-se-lhe aos abraços com tal gosto,
Mordeu-lhe a boca e o rosto...
....
....
....
....

Ser meretriz depois do túmulo! A alma
Roubada a hirta quietude da urbe calma
Onde se extinguem todos os escolhos:
E, condenada, ao trágico ditame,
Oferecer-se à bicharia infame
Com a terra do sepulcro a encher-lhe os olhos!

Sentir a língua aluir-se-lhe na boca
E com a cabeça sem cabelos, oca...
....
Na horrorosa avulsão da forma nívea
Dizer ainda palavras de lascívia...
....

GUERRA

Guerra é esforço, é inquietude, é ânsia, é
[transporte...
É a dramatização sangrenta e dura
Da avidez com que o Espírito procura
Ser perfeito, ser máximo, ser forte!

É a Subconsciência que se transfigura
Em volição conflagradora... É a coorte
Das raças todas, que se entrega à morte
Para a felicidade da Criatura!

É a obsessão de ver sangue, é o instinto
[horrendo
De subir, na ordem cósmica, descendo
A irracionalidade primitiva...

E a Natureza que, no seu arcano,
Precisa de encharcar-se em sangue humano
Para mostrar aos homens que está viva!

O SARCÓFAGO

Senhor da alta hermenêutica do Fado
Perlustro o *atrium* da Morte... É frio o ambiente
E a chuva corta inexoravelmente
O dorso de um sarcófago molhado!

Ah! Ninguém ouve o soluçante brado
De dor profunda, acérrima e latente,
Que o sarcófago, ereto e imóvel, sente
Em sua própria sombra sepultado!

Dói-lhe (quem sabe?!) essa grandeza horrível,
Que em toda a sua máscara se expande,
À humana comoção impondo-a, inteira...

Dói-lhe, em suma, perante o Incognoscível,
Essa fatalidade de ser grande
Para guardar unicamente poeira!

HINO À DOR

Dor, saúde dos seres que se fanam,
Riqueza da alma, psíquico tesouro,
Alegria das glândulas do choro
De onde todas as lágrimas emanam...

És suprema! Os meus átomos se ufanam
De pertencer-te, oh! Dor, ancoradouro
Dos desgraçados, sol do cérebro, ouro
De que as próprias desgraças se engalanam!

Sou teu amante! Ardo em teu corpo abstrato.
Com os corpúsculos mágicos do tato
Prendo a orquestra de chamas que executas...

E, assim, sem convulsão que me alvoroce,
Minha maior ventura é estar de posse
De tuas claridades absolutas!

ULTIMA VISIO

Quando o homem, resgatado da cegueira
Vir Deus num simples grão de argila errante,
Terá nascido nesse mesmo instante
A mineralogia derradeira!

A impérvia escuridão obnubilante
Há de cessar! Em sua glória inteira
Deus resplandecerá dentro da poeira
Como um gasofiláceo de diamante!

Nessa última visão já subterrânea,
Um movimento universal de insânia
Arrancará da insciência o homem precito...

A Verdade virá das pedras mortas
E o homem compreenderá todas as portas
Que ele ainda tem de abrir para o Infinito!

AOS MEUS FILHOS

Na intermitência da vital canseira,
Sois vós que sustentais (Força Alta exige-o...)
Com o vosso catalítico prestígio,
Meu fantasma de carne passageira!

Vulcão da bioquímica fogueira
Destruiu-me todo o orgânico fastígio...
Dai-me asas, pois, para o último remígio,
Dai-me alma, pois, para a hora derradeira!

Culminâncias humanas ainda obscuras,
Expressões do universo radioativo,
Íons emanados do meu próprio ideal,

Benditos vós, que, em épocas futuras,
Haveis de ser no mundo subjetivo,
Minha continuidade emocional!

A DANÇA DA PSIQUE

A dança dos encéfalos acesos
Começa. A carne é fogo. A alma arde.
[A espaços
As cabeças, as mãos, os pés e os braços
Tombam, cedendo à ação de ignotos pesos!

É então que a vaga dos instintos presos
– Mãe de esterilidades e cansaços –
Atira os pensamentos mais devassos
Contra os ossos cranianos indefesos.

Subitamente a cerebral coreia
Para. O cosmos sintético da Ideia
Surge. Emoções extraordinárias sinto...

Arranco do meu crânio as nebulosas.
E acho um feixe de forças prodigiosas
Sustentando dois monstros: a alma e o instinto!

O POETA DO HEDIONDO

Sofro aceleradíssimas pancadas
No coração. Ataca-me a existência
A mortificadora coalescência
Das desgraças humanas congregadas!

Em alucinatórias cavalgadas,
Eu sinto, então, sondando-me a consciência
A ultrainquisitorial clarividência
De todas as neuronas acordadas!

Quanto me dói no cérebro esta sonda!
Ah! Certamente eu sou a mais hedionda
Generalização do Desconforto...

Eu sou aquele que ficou sozinho
Cantando sobre os ossos do caminho
A poesia de tudo quanto é morto!

A FOME E O AMOR

A um monstro

Fome! E, na ânsia voraz que, ávida, aumenta,
Receando outras mandíbulas a esbangem,
Os dentes antropófagos que rangem,
Antes da refeição sanguinolenta!

Amor! E a satiríase sedenta,
Rugindo, enquanto as almas se confrangem,
Todas as danações sexuais que abrangem
A apolínica besta famulenta!

Ambos assim, tragando a ambiência vasta,
No desembestamento que os arrasta,
Superexcitadíssimos, os dois

Representam, no ardor dos seus assomos
A alegoria do que outrora fomos
E a imagem bronca do que inda hoje sois!

HOMO INFIMUS

Homem, carne sem luz, criatura cega,
Realidade geográfica infeliz,
O Universo calado te renega
E a tua própria boca te maldiz!

O nôumeno e o fenômeno, o alfa e o omega
Amarguram-te. Hebdômadas hostis
Passam... Teu coração se desagrega,
Sangram-te os olhos, e, entretanto, ris!

Fruto injustificável dentre os frutos,
Montão de estercorária argila preta,
Excrescência de terra singular.

Deixa a tua alegria aos seres brutos,
Porque, na superfície do planeta,
Tu só tens um direito: – o de chorar!

MINHA FINALIDADE

Turbilhão teleológico incoercível,
Que força alguma inibitória acalma,
Levou-me o crânio e pôs-lhe dentro a palma
Dos que amam apreender o Inapreensível!

Predeterminação imprescriptível
Oriunda da infra-astral Substância calma
Plasmou, aparelhou, talhou minha alma
Para cantar de preferência o Horrível!

Na canonização emocionante,
Da dor humana, sou maior que Dante,
– A águia dos latifúndios florentinos!

Sistematizo, soluçando, o Inferno...
E trago em mim, num sincronismo eterno
A fórmula de todos os destinos!

NUMA FORJA

De inexplicáveis ânsias prisioneiro
Hoje entrei numa forja, ao meio-dia.
Trinta e seis graus à sombra. O éter possuía
A térmica violência de um braseiro.
        Dentro, a cuspir escórias
        De fúlgida limalha
Dardejando centelhas transitórias,
No horror da metalúrgica batalha
        O ferro chiava e ria!

Ria, num sardonismo doloroso
        De ingênita amargura,
        Da qual, bruta, provinha
Como de um negro cáspio de água impura
        A multissecular desesperança
        De sua espécie abjeta
Condenada a uma estática mesquinha!

Ria com essa metálica tristeza
        De ser na Natureza, →

Onde a Matéria avança
E a Substância caminha
Aceleradamente para o gozo
Da integração completa,
Uma consciência eternamente obscura!

O ferro continuava a chiar e a rir.
E eu nervoso, irritado,
Quase com febre, a ouvir
Cada átomo de ferro
Contra a íncude esmagado
Sofrer, berrar, tinir,
Compreendia por fim que aquele berro
À substância inorgânica arrancado
Era a dor do minério castigado
Na impossibilidade de reagir!

Era um cosmos inteiro sofredor,
Cujo negror profundo
Astro nenhum exorna
Gritando na bigorna
Asperamente a sua própria dor!
Era, erguido do pó,
Inopinadamente
Para que à vida quente
Da sinergia cósmica desperte,
A ansiedade de um mundo
Doente de ser inerte,
Cansado de estar só!

Era a revelação
De tudo que ainda dorme
No metal bruto ou na geleia informe →

Do parto primitivo da Criação!
Era o ruído-clarão,
– O ígneo jato vulcânico
Que, atravessando a absconsa cripta enorme
De minha cavernosa subsconsciência,
Punha em clarividência
Intramoleculares sóis acesos
Perpetuamente às mesmas formas presos,
Agarrados à inércia do Inorgânico
Escravos da Coesão!

Repuxavam-me a boca hórridos trismos
E eu sentia, afinal,
Essa angústia alarmante
Própria de alienação raciocinante,
Cheia de ânsias e medos
Com crispações nos dedos
Piores que os paroxismos
Da árvore que a atmosfera ultriz destronca.
A ouvir todo esse cosmos potencial,
Preso aos mineralógicos abismos
Angustiado e arquejante
A debater-se na estreiteza bronca
De um bloco de metal!

Como que a forja tétrica
Num estridor de estrago
Executava, em lúgubre *crescendo*
A antífona assimétrica
E o incompreensível wagnerismo aziago
De seu destino horrendo!

Ao clangor de tais carmes de martírio
Em cismas negras eu recaio imerso →

Buscando no delírio
De uma imaginação convulsionada
Mais revolta talvez de que a onda atlântica,
Compreender a semântica
Dessa aleluia bárbara gritada
Às margens glacialíssimas do Nada
Pelas coisas mais brutas do Universo!

NOLI ME TANGERE

A exaltação emocional do Gozo,
O Amor, a Glória, a Ciência, a Arte e a Beleza
Servem de combustíveis à ira acesa
Das tempestades do meu ser nervoso!

Eu sou, por consequência, um ser monstruoso!
Em minha arca encefálica indefesa
Choram as forças más da Natureza
Sem possibilidades de repouso!

Agregados anômalos malditos
Despedaçam-se, mordem-se, dão gritos
Nas minhas camas cerebrais funéreas...

Ai! Não toqueis em minhas faces verdes,
Sob pena, homens felizes, de sofrerdes
A sensação de todas as misérias!

O CANTO DOS PRESOS

Troa, a alardear bárbaros sons abstrusos,
O epitalâmio da Suprema Falta,
Entoado asperamente, em voz muito alta,
Pela promiscuidade dos reclusos!

No wagnerismo desses sons confusos,
Em que o Mal se engrandece e o Ódio se exalta,
Uiva, à luz de fantástica ribalta,
A ignomínia de todos os abusos!

É a prosódia do cárcere, é a partênea
Aterradoramente heterogênea
Dos grandes transviamentos subjetivos...

É a saudade dos erros satisfeitos,
Que, não cabendo mais dentro dos peitos,
Se escapa pela boca dos cativos!

ABERRAÇÃO

Na velhice automática e na infância,
(Hoje, ontem, amanhã e em qualquer era)
Minha hibridez é a súmula sincera
Das defectividades da Substância.

Criando na alma a estesia abstrusa da ânsia,
Como Belerofonte com a Quimera
Mato o ideal; cresto o sonho; achato a esfera
E acho odor de cadáver na fragrância!

Chamo-me Aberração. Minha alma é um misto
De anomalias lúgubres. Existo
Como a cancro, a exigir que os sãos enfermem...

Teço a infâmia; urdo o crime; engendro o lodo
E nas mudanças do Universo todo
Deixo inscrita a memória do meu gérmen!

VÍTIMA DO DUALISMO

Ser miserável dentre os miseráveis
– Carrego em minhas células sombrias
Antagonismos irreconciliáveis
E as mais opostas idiossincrasias!

Muito mais cedo do que o imagináveis
Eis-vos, minha alma, enfim, dada às bravias
Cóleras dos dualismos implacáveis
E à gula negra das antinomias!

Psique biforme, o Céu e o Inferno absorvo...
Criação a um tempo escura e cor-de-rosa,
Feita dos mais variáveis elementos,

Ceva-se em minha carne, como um corvo,
A simultaneidade ultramonstruosa
De todos os contrastes famulentos!

AO LUAR

Quando, à noite, o Infinito se levanta
À luz do luar, pelos caminhos quedos
Minha tátil intensidade é tanta
Que eu sinto a alma do Cosmos nos meus dedos!

Quebro a custódia dos sentidos tredos
E a minha mão, dona, por fim, de quanta
Grandeza o Orbe estrangula em seus segredos,
Todas as coisas íntimas suplanta!

Penetro, agarro, ausculto, apreendo, invado,
Nos paroxismos da hiperestesia,
O Infinitésimo e o Indeterminado...

Transponho ousadamente o átomo rude
E, transmudado em rutilância fria,
Encho o Espaço com a minha plenitude!

A UM EPILÉPTICO

Perguntarás quem sou?! – ao suor que te unta,
À dor que os queixos te arrebenta, aos trismos
Da epilepsia horrenda, e nos abismos
Ninguém responderá tua pergunta!

Reclamada por negros magnetismos
Tua cabeça há de cair, defunta
Na aterradora operação conjunta
Da tarefa animal dos organismos!

Mas após o antropófago alambique
Em que é mister todo o teu corpo fique
Reduzido a excreções de sânie e lodo,

Como a luz que arde, virgem, num monturo,
Tu hás de entrar completamente puro
Para a circulação do Grande Todo!

CANTO DE ONIPOTÊNCIA

Cloto, Átropos, Tifon, Laquesis, Siva...
E acima deles, como um astro, a arder,
Na hiperculminação definitiva
O meu supremo e extraordinário Ser!

Em minha sobre-humana retentiva
Brilhavam, como a luz do amanhecer,
A perfeição virtual tornada viva
E o embrião do que podia acontecer!

Por antecipação divinatória,
Eu, projetado muito além da História,
Sentia dos fenômenos o fim...

A coisa em si movia-se aos meus brados
E os acontecimentos subjugados
Olhavam como escravos para mim!

MINHA ÁRVORE

Olha: É um triângulo estéril de ínvia estrada!
Como que a erva tem dor... Roem-na amarguras
Talvez humanas, e entre rochas duras
Mostra ao Cosmos a face degradada!

Entre os pedrouços maus dessa morada
É que, às apalpadelas e às escuras,
Hão de encontrar as gerações futuras
Só, minha árvore humana desfolhada!

Mulher nenhuma afagará meu tronco!
Eu não me abalarei, nem mesmo ao ronco
Do furacão que, rábido, remoinha...

Folhas e frutos, sobre a terra ardente
Hão de encher outras árvores! Somente
Minha desgraça há de ficar sozinha!

ANSEIO

Quem sou eu, neste ergástulo das vidas
Danadamente, a soluçar de dor?!
– Trinta trilhões de células vencidas,
Nutrindo uma efeméride interior.

Branda, entanto, a afagar tantas feridas,
A áurea mão taumatúrgica do Amor
Traça, nas minhas formas carcomidas,
A estrutura de um mundo superior!

Alta noite, esse mundo incoerente
Essa elementaríssima semente
Do que hei de ser, tenta transpor o Ideal...

Grita em meu grito, alarga-se em meu hausto,
E, ai! como eu sinto no esqueleto exausto
Não poder dar-lhe vida material!

À MESA

Cedo à sofreguidão do estômago. É a hora
De comer. Coisa hedionda! Corro. E agora,
Antegozando a ensanguentada presa,
Rodeado pelas moscas repugnantes,
Para comer meus próprios semelhantes
        Eis-me sentado à mesa!

Como porções de carne morta... Ai! Como
Os que, como eu, têm carne, com este assomo
Que a espécie humana em comer carne tem!...
Como! E pois que a Razão me não reprime,
Possa a terra vingar-se do meu crime
        Comendo-me também.

MÃOS

Há mãos que fazem medo
Feias agregações pentagonais,
Umas, em sangue, a delinquente natos,
Assinalados pelo mancinismo,
Pertencentes talvez...
Outras, negras, a farpas de rochedo
Completamente iguais...
Mãos de linhas análogas a anfratos
Que a Natureza onicriadora fez
Em contraposição e antagonismo
Às da estrela, às da neve, às dos cristais.

Mãos que adquiriram olhos, pituitárias
Olfativas, tentáculos sutis
E à noite, vão cheirar, quebrando portas
O azul gasofiláceo silencioso
Dos tálamos cristãos.
Mãos adúlteras, mãos mais sanguinárias
E estupradoras do que os bisturis →

Cortando a carne em flor das crianças mortas.
        Monstruosíssimas mãos,
Que apalpam e olham com lascívia e gozo
A pureza dos corpos infantis.

REVELAÇÃO

I

Escafandrista de insondado oceano
Sou eu que, aliando Buda ao sibarita,
Penetro a essência plásmica infinita,
– Mãe promíscua do amor e do ódio insano!

Sou eu que, hirto, auscultando o absconso
[arcano,
Por um poder de acústica esquisita,
Ouço o universo ansioso que se agita
Dentro de cada pensamento humano!

No abstrato abismo equóreo, em que me
[inundo,
Sou eu que, revolvendo o *ego* profundo
E a escuridão dos cérebros medonhos,

Restituo triunfalmente à esfera calma
Todos os cosmos que circulam na alma
Sob a forma embriológica de sonhos!

II

Treva e fulguração; sânie e perfume;
Massa palpável e éter; desconforto
E ataraxia; feto vivo e aborto...
– Tudo a unidade do meu ser resume!

Sou eu que, ateando da alma o ocíduo lume,
Apreendo, em cisma abismadora absorto,
A potencialidade do que é morto
E a eficácia prolífica do estrume!

Ah! Sou eu que, transpondo a escarpa angusta
Dos limites orgânicos estreitos,
Dentro dos quais recalco em vão minha ânsia,

Sinto bater na putrescível crusta
Do tegumento que me cobre os peitos
Toda a imortalidade da Substância!

VERSOS A UM COVEIRO

Numerar sepulturas e carneiros,
Reduzir carnes podres a algarismos,
Tal é, sem complicados silogismos,
A aritmética hedionda dos coveiros!

Um, dois, três, quatro, cinco... Esoterismos
Da Morte! E eu vejo, em fúlgidos letreiros,
Na progressão dos números inteiros
A gênese de todos os abismos!

Oh! Pitágoras da última aritmética,
Continua a contar na paz ascética
Dos tábidos carneiros sepulcrais

Tíbias, cérebros, crânios, rádios e úmeros,
Porque, infinita como os próprios números,
A tua conta não acaba mais!

TREVAS

Haverá, por hipótese, nas geenas
Luz bastante fulmínea que transforme
Dentro da noite cavernosa e enorme
Minhas trevas anímicas serenas?!

Raio horrendo haverá que as rasgue apenas?!
Não! Porque, na abismal substância informe,
Para convulsionar a alma que dorme
Todas as tempestades são pequenas!

Há de a Terra vibrar na ardência infinda
Do éter em branca luz transubstanciado,
Rotos os nimbos maus que a obstruem a esmo...

A própria Esfinge há de falar-vos ainda
E eu, somente eu, hei de ficar trancado
Na noite aterradora de mim mesmo!

AS MONTANHAS

I

Das nebulosas em que te emaranhas
Levanta-te, alma, e dize-me, afinal,
Qual é, na natureza espiritual,
A significação dessas montanhas!

Quem não vê nas graníticas entranhas
A subjetividade ascensional
Paralisada e estrangulada, mal
Quis erguer-se a cumíadas tamanhas?!

Ah! Nesse anelo trágico de altura
Não serão as montanhas, porventura,
Estacionadas, íngremes, assim,

Por um abortamento de mecânica,
A representação ainda inorgânica
De tudo aquilo que parou em mim?!

II

Agora, oh! deslumbrada alma, perscruta
O puerpério geológico interior,
De onde rebenta, em contrações de dor,
Toda a sublevação da crusta hirsuta!

No curso inquieto da terráquea luta
Quantos desejos férvidos de amor
Não dormem, recalcados, sob o horror
Dessas agregações de pedra bruta?!

Como nesses relevos orográficos,
Inacessíveis aos humanos tráficos
Onde sóis, em semente, amam jazer,

Quem sabe, alma, se o que ainda não existe
Não vive em gérmen no agregado triste
Da síntese sombria do meu Ser?!

APOCALIPSE

Minha divinatória Arte ultrapassa
Os séculos efêmeros e nota
Diminuição dinâmica, derrota
Na atual força, integérrima, da Massa.

É a subversão universal que ameaça
A Natureza, e, em noite aziaga e ignota,
Destrói a ebulição que a água alvorota
E põe todos os astros na desgraça!

São despedaçamentos, derrubadas,
Federações sidéricas quebradas...
E eu só, o último a ser, pelo orbe adiante,

Espião da cataclísmica surpresa,
A única luz tragicamente acesa
Na universalidade agonizante!

A NAU

A Heitor Lima

Sôfrega, alçando o hirto esporão guerreiro,
Zarpa. A íngreme cordoalha úmida fica...
Lambe-lhe a quilha a espúmea onda impudica
E ébrios tritões, babando, haurem-lhe o cheiro!

Na glauca artéria equórea ou no estaleiro
Ergue a alta mastreação, que o Éter indica,
E estende os braços da madeira rica
Para as populações do mundo inteiro!

Aguarda-a ampla reentrância de angra horrenda,
Para e, a amarra agarrada à âncora, sonha!
Mágoas, se as tem, subjugue-as ou disfarce-as...

E não haver uma alma que lhe entenda
A angústia transoceânica medonha
No rangido de todas as enxárcias!

VOLÚPIA IMORTAL

Cuidas que o genesíaco prazer,
Fome do átomo e eurítmico transporte
De todas as moléculas, aborte
Na hora em que a nossa carne apodrecer?!

Não! Essa luz radial, em que arde o Ser,
Para a perpetuação da Espécie forte,
Tragicamente, ainda depois da morte,
Dentro dos ossos, continua a arder!

Surdos destarte a apóstrofes e brados,
Os nossos esqueletos descarnados,
Em convulsivas contorções sensuais,

Haurindo o gás sulfídrico das covas,
Com essa volúpia das ossadas novas
Hão de ainda se apertar cada vez mais!

O FIM DAS COISAS

Pode o homem bruto, adstrito à ciência grave,
Arrancar, num triunfo surpreendente,
Das profundezas do Subconsciente
O milagre estupendo da aeronave!

Rasgue os broncos basaltos negros, cave,
Sôfrego, o solo sáxeo; e, na ânsia ardente
De perscrutar o íntimo do orbe, invente
A lâmpada aflogística de Davy!

Em vão! Contra o poder criador do Sonho
O Fim das Coisas mostra-se medonho
Como o desaguadouro atro de um rio...

E quando, ao cabo do último milênio,
A humanidade vai pesar seu gênio
Encontra o mundo, que ela encheu, vazio!

VIAGEM DE UM VENCIDO

Noite. Cruzes na estrada. Aves com frio...
E, enquanto eu tropeçava sobre os paus,
A efígie apocalíptica do Caos
Dançava no meu cérebro sombrio!

O Céu estava horrivelmente preto
E as árvores magríssimas lembravam
Pontos de admiração que se admiravam
De ver passar ali meu esqueleto!

Sozinho, uivando *hoffmânnicos* dizeres,
Aprazia-me assim, na escuridão,
Mergulhar minha exótica visão
Na intimidade noumenal dos seres.

Eu procurava, com uma vela acesa,
O feto original, de onde decorrem
Todas essas moléculas que morrem
Nas transubstanciações da Natureza.

Mas o que meus sentidos apreendiam
Dentro da treva lúgubre, era só
O ocaso sistemático de pó,
Em que as formas humanas se sumiam!

Reboava, num ruidoso borborinho
Bruto, análogo ao peã de márcios brados,
A rebeldia dos meus pés danados
Nas pedras resignadas do caminho.

Sentia estar pisando com a planta ávida
Um povo de radículas e embriões
Prestes a rebentar, como vulcões,
Do ventre equatorial da terra grávida!

Dentro de mim, como num chão profundo,
Choravam, com soluços quase humanos,
Convulsionando Céus, almas e oceanos
As formas microscópicas do mundo!

Era a larva agarrada a absconsas landes,
Era o abjeto vibrião rudimentar
Na impotência angustiosa de falar,
No desespero de não serem grandes!

Vinha-me à boca, assim, na ânsia dos párias,
Como o protesto de uma raça invicta,
O brado emocionante de vindicta
Das sensibilidades solitárias!

A longanimidade e o vilipêndio,
A abstinência e a luxúria, o bem e o mal
Ardiam no meu orco cerebral,
Numa crepitação própria de incêndio!

Em contraposição à paz funérea,
Doía profundamente no meu crânio
Esse funcionamento simultâneo
De todos os conflitos da matéria!

Eu, perdido no Cosmos, me tornara
A assembleia belígera malsã,
Onde Ormuzd guerreava com Arimã,
Na discórdia perpétua do *sansara*!

Já me fazia medo aquela viagem
A carregar pelas ladeiras tétricas,
Na óssea armação das vértebras simétricas
A angústia da biológica engrenagem!

No Céu, de onde se vê o Homem de rastros,
Brilhava, vingadora, a esclarecer
As manchas subjetivas do meu ser
A espionagem fatídica dos astros!

Sentinelas de espíritos e estradas,
Noite alta, com a sidérica lanterna,
Eles entravam todos na caverna
Das consciências humanas mais fechadas!

Ao castigo daquela rutilância,
Maior que o olhar que perseguiu Caim,
Cumpria-se afinal dentro de mim
O próprio sofrimento da Substância!

Como quem traz ao dorso muitas cargas
Eu sofria, ao colher simples gardênia,
A multiplicidade heterogênea
De sensações diversamente amargas.

Mas das árvores, frias como lousas,
Fluía, horrenda e monótona, uma voz
Tão grande, tão profunda, tão feroz
Que parecia vir da alma das cousas:

"Se todos os fenômenos complexos,
Desde a consciência à antítese dos sexos
Vêm de um dínamo fluídico de gás,
Se hoje, obscuro, amanhã píncaros galgas,
A humildade botânica das algas
De que grandeza não será capaz?!

Quem sabe, enquanto Deus, Jeová ou Siva
Oculta à tua força cognitiva
Fenomenalidades que hão de vir,
Se a contração que hoje produz o choro
Não há de ser no século vindouro
Um simples movimento para rir?!

Que espécies outras, do Equador aos polos,
Na prisão milenária dos subsolos,
Rasgando avidamente o húmus malsão,
Não trabalham, com a febre mais bravia,
Para erguer, na ânsia cósmica, a Energia
À última etapa da objetivação?!

É inútil, pois, que, a espiar enigmas, entres
Na química genésica dos ventres,
Porque em todas as coisas, afinal,
Crânio, ovário, montanha, árvore, *iceberg,*
Tragicamente, diante do Homem, se ergue
A esfinge do Mistério Universal!

A própria força em que teu Ser se expande,
Para esconder-se nessa esfinge grande,
Deu-te (oh! mistério que se não traduz!)
Neste astro ruim de tênebras e abrolhos
A efeméride orgânica dos olhos
E o simulacro atordoador da Luz!

Por isto, oh! filho dos terráqueos limos,
Nós, arvoredos desterrados, rimos
Das vãs diatribes com que aturdes o ar...
Rimos, isto é, choramos, porque, em suma,
Rir da desgraça que de ti ressuma
É quase a mesma coisa que chorar!"

Às vibrações daquele horrível carme
Meu dispêndio nervoso era tamanho
Que eu sentia no corpo um vácuo estranho
Como uma boca sôfrega a esvaziar-me!

Na avançada epiléptica dos medos
Cria ouvir, a escalar Céus e apogeus,
A voz cavernosíssima de Deus,
Reproduzida pelos arvoredos!

Agora, astro decrépito, em destroços,
Eu, desgraçadamente magro, a erguer-me,
Tinha necessidade de esconder-me
Longe da espécie humana, com os meus ossos!

Restava apenas na minha alma bruta
Onde frutificara outrora o Amor
Uma volicional fome interior
De renúncia budística absoluta!

Porque, naquela noite de ânsia e inferno,
Eu fora, alheio ao mundanário ruído,
A maior expressão do homem vencido
Diante da sombra do Mistério Eterno!

A NOITE

A nebulosidade ameaçadora
Tolda o éter, mancha a gleba, agride os rios
E urde amplas teias de carvões sombrios
No ar que álacre e radiante, há instantes, fora.

A água transubstancia-se. A onda estoura
Na negridão do oceano e entre os navios
Troa bárbara zoada de ais bravios,
Extraordinariamente atordoadora.

À custódia do anímico registro
A planetária escuridão se anexa...
Somente, iguais a espiões que acordam cedo,

Ficam brilhando com fulgor sinistro
Dentro da treva onímoda e complexa
Os olhos fundos dos que estão com medo!

A OBSESSÃO DO SANGUE

Acordou, vendo sangue... Horrível! O osso
Frontal em fogo... Ia talvez morrer,
Disse. Olhou-se no espelho. Era tão moço,
Ah! certamente não podia ser!

Levantou-se. E, eis que viu, antes do almoço,
Na mão dos açougueiros, a escorrer
Fita rubra de sangue muito grosso,
A carne que ele havia de comer!

No inferno da visão alucinada,
Viu montanhas de sangue enchendo a estrada,
Viu vísceras vermelhas pelo chão...

E amou, com um berro bárbaro de gozo,
O monocromatismo monstruoso
Daquela universal vermelhidão!

VOX VICTIMAE

Morto! Consciência quieta haja o assassino
Que me acabou, dando-me ao corpo vão
Esta volúpia de ficar no chão
Fruindo na tabidez sabor divino!

Espiando o meu cadáver ressupino,
No mar da humana proliferação,
Outras cabeças aparecerão
Para compartilhar do meu destino!

Na festa genetlíaca do Nada,
Abraço-me com a terra atormentada
Em contubérnio convulsionador...

E ai! Como é boa esta volúpia obscura
Que une os ossos cansados da criatura
Ao corpo ubiquitário do Criador!

O ÚLTIMO NÚMERO

Hora da minha morte. Hirta, ao meu lado,
A Ideia estertorava-se... No fundo
Do meu entendimento moribundo
Jazia o Último Número cansado.

Era de vê-lo, imóvel, resignado,
Tragicamente de si mesmo oriundo,
Fora da sucessão, estranho ao mundo,
Com o reflexo fúnebre do Incriado:

Bradei: – Que fazes ainda no meu crânio?
E o Último Número, atro e subterrâneo,
Parecia dizer-me: "É tarde, amigo!

Pois que a minha antogênica Grandeza
Nunca vibrou em tua língua presa,
Não te abandono mais! Morro contigo!"

POEMAS ESQUECIDOS

MÁGOAS

Quando nasci, num mês de tantas flores,
Todas murcharam, tristes, langorosas,
Tristes fanaram redolentes rosas,
Morreram todas, todas sem olores.

Mais tarde da existência nos verdores
Da infância nunca tive as venturosas
Alegrias que passam bonançosas,
Oh! minha infância nunca tive flores!

Volvendo à quadra azul da mocidade,
Minh'alma levo aflita à Eternidade,
Quando a morte matar meus dissabores.

Cansado de chorar pelas estradas,
Exausto de pisar mágoas pisadas,
Hoje eu carrego a cruz de minhas dores!

O CONDENADO

"Folga a Justiça e geme a natureza."

BOCAGE

Alma feita somente de granito,
Condenada a sofrer cruel tortura
Pela rua sombria d'amargura
– Ei-lo que passa – réprobo maldito.

Olhar ao chão cravado e sempre fito,
Parece contemplar a sepultura
Das suas ilusões que a desventura
Desfez em pó no hórrido delito.

E, à cruz da expiação subindo mudo,
A vida a lhe fugir já sente prestes
Quando ao golpe do algoz, calou-se tudo.

O mundo é um sepulcro de tristeza.
Ali, por entre matas de ciprestes,
Folga a justiça e geme a natureza.

SONETO

Ouvi, senhora, o cântico sentido
Do coração que geme e s'estertora
N'ânsia letal que mata e que o devora
E que tornou-o assim, triste e descrido.

Ouvi, senhora, amei; de amor ferido,
As minhas crenças que alentei outrora
Rolam dispersas, pálidas agora,
Desfeitas todas num guaiar dorido.

E como a luz do sol vai-se apagando!
E eu, triste, triste pela vida afora,
Eterno pegureiro caminhando,

Revolvo as cinzas de passadas eras,
Sombrio e mudo e glacial, senhora,
Como um coveiro a sepultar quimeras!

INFELIZ

Alma viúva das paixões da vida,
Tu que, na estrada da existência em fora,
Cantaste e riste, e na existência agora
Triste soluças a ilusão perdida;

Oh! tu, que na grinalda emurchecida
De teu passado de felicidade
Foste juntar os goivos da Saudade
Às flores da Esperança enlanguescida;

Se nada te aniquila o desalento
Que te invade, e pesar negro e profundo,
Esconde à Natureza o sofrimento,

E fica no teu ermo entristecida,
Alma arrancada do prazer do mundo,
Alma viúva das paixões da vida.

SONETO

N'augusta solidão dos cemitérios,
Resvalando nas sombras dos ciprestes,
Passam meus sonhos sepultados nestes
Brancos sepulcros, pálidos, funéreos.

São minhas crenças divinais, ardentes
– Alvos fantasmas pelos merencórios
Túmulos tristes, soturnais, silentes,
Hoje rolando nos umbrais marmóreos,

Quando da vida, no eternal soluço,
Eu choro e gemo e triste me debruço
Na laje fria dos meus sonhos pulcros,

Desliza então a lúgubre coorte.
E rompe a orquestra sepulcral da morte,
Quebrando a paz suprema dos sepulcros.

NOIVADO

Os namorados ternos suspiravam,
Quando há de ser o venturoso dia?!
Quando há de ser?! O noivo então dizia
E a noiva e ambos d'amores s'embriagavam.

E a mesma frase o noivo repetia;
Fora no campo pássaros trinavam.
Quando há de ser?! E os pássaros falavam,
Há de chegar, a brisa respondia.

Vinha rompendo a aurora majestosa,
Dos rouxinóis ao sonoroso harpejo
E a luz do sol vibrava esplendorosa.

Chegara enfim o dia desejado,
Ambos unidos, soluçara um beijo,
Era o supremo beijo de noivado!

SONETO

No meu peito arde em chamas abrasada
A pira da vingança reprimida,
E em centelhas de raiva ensurdecida
A vingança suprema e concentrada

E espuma e ruge a cólera entranhada,
Como no mar a vaga embravecida
Vai bater-se na rocha empedernida,
Espumando e rugindo em marulhada

Mas se das minhas dores ao calvário,
Eu subo na atitude dolorida
De um Cristo a redimir um mundo vário,

Em luta co'a natura sempiterna,
Já que do mundo não vinguei-me em vida,
A morte me será vingança eterna.

TRISTE REGRESSO

A Dias Paredes

Uma vez um poeta, um tresloucado,
Apaixonou-se d'uma virgem bela;
Vivia alegre o vate apaixonado,
Louco vivia, enamorado dela.

Mas a Pátria chamou-o. Era soldado.
E tinha que deixar pra sempre aquela
Meiga visão, olímpica e singela?!
E partiu, coração amargurado.

Dos canhões ao ribombo, e das metralhas,
Altivo lutador, venceu batalhas,
Juncou-lhe a fronte aurifulgente estrela.

E voltou, mas a fronte aureolada,
Ao chegar, pendeu triste e desmaiada,
No sepulcro da loura virgem bela.

AMOR E RELIGIÃO

Conheci-o: era um padre, um desses santos
Sacerdotes da Fé de crença pura,
Da sua fala na eternal doçura
Falava o coração. Quantos, oh! Quantos

Ouviram dele frases de candura
Que d'infelizes enxugavam prantos!
E como alegres não ficaram tantos
Corações sem prazer e sem ventura!

No entanto dizem que este padre amara.
Morrera um dia desvairado, estulto,
Su'alma livre para o céu se alara.

E Deus lhe disse: "És duas vezes santo,
Pois se da Religião fizeste culto,
Foste do amor o mártir sacrossanto."

SONETO

Ao meu prezado irmão Alexandre Júnior
pelas nove primaveras que hoje completou.

Canta no espaço a passarada e canta
Dentro do peito o coração contente,
Tu'alma ri-se descuidosamente,
Minh'alma alegre no teu rir s'encanta.

Irmão querido, bom Papá, consente
Que neste dia de ventura tanta
Vá, num abraço de ternura santa,
Mostrar-te o afeto que meu peito sente.

Somente assim festejarei teus anos;
Enquanto outros podem, dão-te enganos,
Joias, bonecos de formoso busto,

Eu só encontro no primor da rima
A justa oferta, a joia que te exprima
O amor fraterno do teu mano

Augusto

SAUDADE

Hoje que a mágoa me apunhala o seio,
E o coração me rasga atroz, imensa,
Eu a bendigo da descrença em meio,
Porque eu hoje só vivo da descrença.

À noite quando em funda soledade
Minh'alma se recolhe tristemente,
Pra iluminar-me a alma descontente,
Se acende o círio triste da Saudade.

E assim afeito às mágoas e ao tormento,
E à dor e ao sofrimento eterno afeito,
Para dar vida à dor e ao sofrimento,

Da saudade na campa enegrecida
Guardo a lembrança que me sangra o peito,
Mas que no entanto me alimenta a vida.

A ESMOLA DE DULCE

Ao Alfredo A.

E todo o dia eu vou como um perdido
De dor, por entre a dolorosa estrada,
Pedir a Dulce, a minha bem-amada
A esmola dum carinho apetecido.

E ela fita-me, o olhar enlanguescido,
E eu balbucio trêmula balada:
– Senhora dai-me u'a esmola – e estertorada
A minha voz soluça num gemido.

Morre-me a voz, e eu gemo o último harpejo,
Estendendo à Dulce a mão, a fé perdida,
E dos lábios de Dulce cai um beijo.

Depois, como este beijo me consola!
Bendita seja a Dulce! A minha vida
Estava unicamente nessa esmola.

SONETO

Gênio das trevas lúgubres, acolhe-me,
Leva-me o espírito dessa luz que mata,
E a alma me ofusca e o peito me maltrata,
E o viver calmo e sossegado tolhe-me!

Leva-me, obumbra-me em teu seio, acolhe-me
N'asa da Morte redentora, e à ingrata
Luz deste mundo em breve me arrebata
E num *pallium* de tênebras recolhe-me!

Aqui há muita luz e muita aurora,
Há perfumes d'amor – venenos d'alma –
E eu busco a plaga onde o repouso mora,

E as trevas moram, e, onde d'água raso
O olhar não trago, nem me turba a calma
A aurora deste amor que é o meu ocaso!

O MAR

O mar é triste como um cemitério;
Cada rocha é uma eterna sepultura
Banhada pela imácula brancura
De ondas chorando num alvor etéreo.

Ah! dessas vagas no bramir funéreo
Jamais vibrou a sinfonia pura
Do Amor; lá, só descanta, dentre a escura
Treva do oceano, a voz do meu saltério!

Quando a cândida espuma dessas vagas,
Banhando a fria solidão das fragas,
Onde a quebrar-se tão fugaz se esfuma,

Reflete a luz do sol que já não arde,
Treme na treva a púrpura da tarde,
Chora a Saudade envolta nesta espuma!

SONETO

Aurora morta, foge! Eu busco a virgem loura
Que fugiu-me do peito ao teu clarão de morte
E Ela era a minha estrela, o meu único Norte,
O grande Sol de afeto – o Sol que as almas
[doura!

Fugiu... E em si levou a Luz consoladora
Do amor – esse clarão eterno d'alma forte –
Astro da minha Paz, Sírius da minha Sorte
E da Noite da vida a Vênus redentora.

Agora, oh! minha Mágoa, agita as tuas asas,
Vem! Rasga deste peito as nebulosas gazas
E, num pálio auroral de Luz deslumbradora,

Ascende à Claridade. Adeus oh! Dia escuro,
Dia do meu Passado! Irrompe, meu Futuro;
Aurora morta, foge – eu busco a virgem loura!

SONETO

Canta teu riso esplêndido sonata,
E há, no teu riso de anjos encantados,
Como que um doce tilintar de prata
E a vibração de mil cristais quebrados.

Bendito o riso assim que se desata
– Cítara suave dos apaixonados,
Sonorizando os sonhos já passados,
Cantando sempre em trínula volata!

Aurora ideal dos dias meus risonhos,
Quando, úmido de beijos em ressábios
Teu riso esponta, despertando sonhos...

Ah! Num delíquio de ventura louca,
Vai-se minh'alma toda nos teus beijos,
Ri-se o meu coração na tua boca!

CRAVO DE NOIVA

Ao Dias Paredes

Cravo de noiva. A nívea cor de cera
Que o seu seio branqueja, é como os prantos
Níveos, que a virgem chora, entre os encantos
Dum noivado risonho em primavera.

Flor de mistérios d'alma, sacrossantos,
Guarda segredos divinais que eu dera
Duas vidas, se duas eu tivera
Pra desvendar os seus segredos santos.

E tudo quer que nessa flor se enleve
O poeta. É que dessa concha armínea,
Da lactescência angélica da neve,

Se evolam castos, virginais aromas
De essência estranha; olências de virgínea
Carne fremindo num langor de pomas.

PLENILÚNIO

Desmaia o plenilúnio. A gaze pálida
Que lhe serve de alvíssimo sudário
Respira essências raras, toda a cálida
Mística essência desse alampadário.

E a lua é como um pálido sacrário,
Onde as almas das virgens em crisálida
De seios alvos e de fronte pálida,
Derramam a urna dum perfume vário.

Voga a lua na etérea imensidade!
Ela, eterna noctâmbula do Amor,
Eu, noctâmbulo da Dor e da Saudade.

Ah! Como a branca e merencória lua,
Também envolta num sudário – a Dor,
Minh'alma triste pelos céus flutua!

CÍTARA MÍSTICA

Cantas... E eu ouço etérea cavatina!
Há nos teus lábios – dois sangrentos círios –
A gêmea florescência de dois lírios
Entrelaçados numa unção divina.

Como o santo levita dos Martírios,
Rendo piedosa dúlia peregrina
À tua doce voz que me fascina,
– Harpa virgem brandindo mil delírios!

Quedo-me aos poucos, penseroso e pasmo,
E a Noite afeia como num sarcasmo
E agora a sombra vesperal morreu...

Chegou a Noite... E para mim, meu anjo,
Teu canto agora é um salmodiar de arcanjo,
É a música de Deus que vem do Céu!

SÚPLICA NUM TÚMULO

Maria, eis-me a teus pés. Eu venho arrependido,
Implorar-te o perdão do imenso crime meu!
Eis-me, pois, a teus pés, perdoa o teu vencido,
Açucena de Deus, lírio morto do Céu!

Perdão! E a minha voz estertora um gemido,
E o lábio meu pra sempre apartado do teu
Não há de beijar mais o teu lábio querido!
Ah! Quando tu morreste, o meu Sonho
[morreu!

Perdão, pátria da Aurora exilada do Sonho!
– Irei agora, assim, pelo mundo, para onde
Me levar o Destino abatido e tristonho...

Perdão! E este silêncio e esta tumba que cala!
Insânia, insânia, insânia, ah! ninguém me
[responde...
Perdão! E este sepulcro imenso que não fala!

AFETOS

Bendito o amor que infiltra n'alma o enleio
E santifica da existência o cardo,
– Amor que é mirra e que é sagrado nardo,
Turificando a languidez dum seio!

O amor, porém, que da Desgraça veio
Maldito seja, seja como o fardo
Desta descrença funeral em que ardo
E com que o fogo da paixão ateio!

Funambulescamente a alma se atira
À luta das paixões, e, como a Aurora
Que ao beijo vesperal anseia e expira,

Desce para a alma o ocaso da Carícia
Ora em sonhos de Dor, supremos, e ora
Em contorções supremas de Delícia!

MARTÍRIO SUPREMO

Duma Quimera ao fascinante abraço,
Por um Cocito ardente e luxurioso,
Onde nunca gemeu o humano passo,
Transpus um dia o Inferno Azul do Gozo!

O amor em lavas de candência d'aço,
Banhou-me o peito... Em ânsia de repouso,
Da Messalina fria no regaço,
Chora saudades do terreno pouso!

Como um mártir de estranho sacrifício,
Tinha os lábios crestados pela ardência
Da luz letal do grande Sol do Vício!

E mergulhei mais fundo no estuário...
Mas, no Inferno do Gozo, sem Calvário,
Cristo d'amor morri pela inocência!

RÉGIO

Festa no paço! Noite... E no entretanto
Luzes, flores, clarões por toda a festa
E há nos régios salões, em cada aresta,
Credências d'ouro de supremo encanto.

No baldaquino a orquestra real se apresta
E o áureo dossel finge um relevo santo...
– Bissos egípcios d'alto gosto, a um canto,
Flordilisados de nelumbo e giesta.

Morreu a noite e veio o Sol Eterno
– Âmbar de sangue que desceu do Inferno
No turbilhão dos alvos raios diurnos...

Brilham no paço refulgências de elmo
E a princesa assomou como um santelmo
Na realeza branca dos coturnos.

MÁRTIR DA FOME

Nesta da vida lúgubre caverna
De ossos e frios funerais que eu sinto
Como um chacal saciando o eterno instinto
Vou saciando a minha Fome Eterna.

– Fome de sangue de um Passado extinto,
De extintas crenças – bacanal superna,
Horrível assim como a Hidra de Lerna
E muda como o bronze de Corinto!

Ânsias de sonhos, desespero fundo!
E a alma que sonha no marnel do Mundo,
Morre de Fome pelas noites belas...

E como o Cristo – o Mártir do Calvário
Morre. E no entanto vai para o estelário
Matar a Fome num festim de estrelas!

FESTIVAL

Para Jônatas Costa

Címbalos soam no salão. O dia
Foge, e ao compasso de arrabis serenos
A valsa rompe, em compassados trenos
Sobre os veludos da tapeçaria.

Estatuetas de mármore de Lemnos
Estão dispostas numa simetria
Inconfundível, recordando a estria
Dos corpos níveos de Afrodite e Vênus,

Fulgem por entre mil cristais vermelhos
O alvo cristal dos nítidos espelhos
E a seda verde dos arbustos glabros.

E em meio às refrações verdes e hialinas,
Vibra, batendo em todas as retinas,
A incandescência irial dos candelabros.

NOTURNO

Chove. Lá fora os lampiões escuros
Semelham monjas a morrer... Os ventos,
Desencadeados, vão bater, violentos,
De encontro às torres e de encontro aos muros.

Saio de casa. Os passos malseguros
Trêmulo movo, mas meus movimentos
Susto, diante do vulto dos conventos,
Negro, ameaçando os séculos futuros!

De São Francisco no plangente bronze
Em badaladas compassadas onze
Horas soaram... Surge agora a Lua.

E eu sonho erguer-me aos páramos etéreos
Enquanto a chuva cai nos cemitérios
E o vento apaga os lampiões da rua!

SONETO

(Feito no decurso de dois minutos, em homenagem ao aniversário natalício de Alexandre Rodrigues dos Anjos – 28 de abril de 1905.)

Para quem tem na vida compreendido
Toda a grandeza da Fraternidade
O aniversário dum irmão querido
A alma de alegres emoções invade.

Depois quando no irmão estremecido
Fazem aliança o gênio e a probidade,
Atinge o amor um grau nunca atingido
No termômetro santo da Amizade.

O Alexandre dos Anjos merecia
Grandes coroas nesse grande dia,
Tesouros reais, auríferos tesouros...

Terá no entanto indubitavelmente
A admiração do século presente
E a sagração dos séculos vindouros!

O NEGRO

Oh! Negro, oh! Filho da Hotentoia ufana
Teus braços brônzeos como dois escudos,
São dois colossos, dois gigantes mudos,
Representando a integridade humana!

Nesses braços de força soberana
Gloriosamente à luz do sol desnudos
Ao bruto encontro dos ferrões agudos
Gemeu por muito tempo a alma africana!

No colorido dos teus brônzeos braços,
Fulge o fogo mordente dos mormaços
E a chama fulge do solar brasido...

E eu cuido ver os múltiplos produtos
Da Terra – as flores e os metais e os frutos
Simbolizados nesse colorido!

SENECTUDE PRECOCE

Envelheci. A cal da sepultura
Caiu por sobre a minha mocidade...
E eu que julgava em minha idealidade
Ver inda toda a geração futura!

Eu que julgava! Pois não é verdade?!
Hoje estou velho. Olha essa neve pura!
– Foi saudade? Foi dor? – Foi tanta agrura
Que eu nem sei se foi dor ou foi saudade!

Sei que durante toda a travessia
Da minha infância trágica, vivia,
Assim como uma casa abandonada.

Vinte e quatro anos em vinte e quatro horas...
Sei que na infância nunca tive auroras,
E afora disto, eu já nem sei mais nada!

ANDRÉ CHÉNIER

Na real magnificência dos gigantes
Grave como um lacedemônio harmoste
André Chénier ia subir ao poste
A que Luís XVI subira dantes!

Que a sua morte a homem nenhum desgoste
E incite o heroísmo das nações distantes!...
Por isso, ele, a morrer, canta vibrantes
Versos divinos que arrebatam a hoste.

Não há quem nele um só tremor denote!
– Continua a cantar, a alma serena...
Mas, de repente, pressentindo a lousa,

Batendo com a cabeça no barrote
Da guilhotina, diz ao povo: – "É pena!
– Aqui ainda havia alguma cousa..."

MYSTICA VISIO

Vinha passando pelo meu caminho
Um vulto estranhamente iluminado...
Para onde eu ia, o vulto ia a meu lado
E desde então, não andei mais sozinho!

Abraçou-me, beijou-me com um carinho
Que a um ser divino não seria dado...
E eu me elevava, sendo assim beijado
Muito acima do humano borborinho!

Falou-me de ilusões e de luares,
Da tribo alegre que povoa os ares...
– Assombrava-me aquela claridade!

Mas através daquelas falsas luzes
Pude rever enfim todas as cruzes
Que têm pesado sobre a Humanidade!

ILUSÃO

Dizes que sou feliz. Não mentes. Dizes
Tudo que sentes. A infelicidade
Parece às vezes com a felicidade
E os infelizes mostram ser felizes!

Assim, em Tebas – a tumbal cidade,
A múmia de um herói do tempo de Ísis,
Ostenta ainda as mesmas cicatrizes
Que eternizaram sua heroicidade!

Quem vê o herói, inda com o braço altivo,
Diz que ele não morreu, diz que ele é vivo,
E, persuadido fica do que diz...

Bem como tu, que nessa crença infinda
Feliz me viste no Passado, e ainda
Te persuades de que sou feliz!

GOZO INSATISFEITO

Entre o gozo que aspiro, e o sofrimento
De minha mocidade, experimento
O mais profundo e abalador atrito...
Queimam-me o peito cáusticos de fogo
Esta ânsia de absoluto desafogo
Abrange todo o círculo infinito.

Na insaciedade desse gozo falho
Busco no desespero do trabalho,
Sem um domingo ao menos de repouso,
Fazer parar a máquina do instinto,
Mas, quanto mais me desespero, sinto
A insaciabilidade desse gozo!

DOLÊNCIAS

Oh! Lua morta de minha vida,
    Os sonhos meus
Em vão te buscam, andas perdida
E eu ando em busca dos rastos teus...

Vago sem crenças, vagas sem norte,
Cheia de brumas e enegrecida,
Ah! Se morreste pra minha vida!
Vive, consolo de minha morte!

Baixa, portanto, coração ermo
    De lua fria
À plaga triste, plaga sombria
Dessa dor lenta que não tem termo.

Tu que tombaste no caos extremo
Da Noite imensa do meu Passado,
Sabes da angústia do torturado...
Ah! Tu bem sabes por que é que eu gemo!

Instilo mágoas saudoso, e enquanto
Planto saudades num campo morto,
Ninguém ao menos dá-me um conforto,
Um só ao menos! E no entretanto

Ninguém me chora! Ah! Se eu tombar
  Cedo na lida...
Oh! Lua fria vem me chorar
Oh! Lua morta da minha vida!

IDEALIZAÇÕES

A Santos Neto

I

Em vão flameja, rubro, ígneo, sangrento
O sol, e, fulvos, aos astrais desígnios,
Raios flamejam e fuzilam, ígneos,
Nas chispas fulvas de um vulcão violento!

É tudo em vão! Atrás da luz dourada,
Negras, pompeiam (triste maldição!)
– Asas de corvo pelo coração...
– Crepúsculo fatal vindo do Nada!

Que importa o Sol! A Treva, a Sombra – eis tudo!
E no meu peito – condensada treva –
A sombra desce, e o meu pesar se eleva
E chora e sangra, mudo, mudo, mudo...

E há no meu peito – ocaso nunca visto,
Martirizado porque nunca dorme →

As Sete Chagas dum martírio enorme,
E os Sete Passos que magoaram Cristo!

II

Agora dorme o astro de sangue e de ouro
Como um sultão cansado! As nuvens como
Odaliscas, da Noite ao negro assomo
Beijam-lhe o corpo ensanguentado d'ouro.

Legiões de névoas mortas e finadas
Como fragmentações d'ouro e basalto
Lembram guirlandas pompeando no Alto
Eterizadas, volaterizadas.

E a Noite emerge, santa e vitoriosa
Dentre um *velarium* de veludos. Atros,
Descem os nimbos... No ar há malabatros
Turiferando a negridão tediosa.

Além, dourando as névoas dos espaços,
Na majestade dum condor bendito,
Subindo à majestade do Infinito,
A Via-Láctea vai abrindo os braços!

Áureas estrelas, alvas, luminosas,
Trazem no peito o branco das manhãs
E dormem brancas como leviatãs
Sobre o oceano astral das nebulosas.

Eu amo a noite que este Sol arranca!
Namoro estrelas... Sírius me deslumbra,
Vésper me encanta, e eu beijo na penumbra
A imagem lirial da Noite Branca.

III

De novo, a Aurora, entre esplendores, há-de
Alva, se erguer, como tombou outrora,
E como a Aurora – o Sol – hóstia da Aurora,
Abençoada pela Eternidade!

E ei-lo de novo, ontem moribundo,
Hoje de novo, curvo ao seu destino,
Fantástico, ciclópico, assassino
Ébrio de fogo, dominando o mundo!

Mas de que serve o Sol, se triste em cada
Raio que tomba no marnel da terra,
Mais em meu peito uma ilusão se enterra,
Mais em minh'alma um desespero brada?!

De que serve, se, à luz áurea que dele
Emana e estua e se refrange e ferve,
A Mágoa ferve e estua, de que serve
Se é desespero e maldição todo ele?!

Pois, de que serve, se, aclarando os cerros
E engalanando os arvoredos gaios,
A alma se abate, como se esses raios
N'alma caindo, se tornassem ferros?!

IV

Poeta, em vão na luz do sol te inflamas,
E nessa luz queimas-te em vão! És todo
Pó, e hás de ser após as chamas, lodo,
Como Herculanum foi após as chamas.

Ah! Como tu, em lodo tudo acaba,
O leão, o tigre, o mastodonte, a lesma,
Tudo por fim há de acabar na mesma
Tênebra que hoje sobre ti desaba.

Ninguém se exime dessa lei imensa
Que, em plena e fulva reverberação,
Arrasta as almas pela Escuridão,
E arrasta os corações pela Descrença.

Ergue, pois, poeta, um pedestal de tanta
Treva e dor tanta, e num supremo e insano
E extraordinário e grande e sobre-humano
Esforço, sobe ao pedestal, e... canta!

Canta a Descrença que passou cortando
As tuas ilusões pelas raízes,
E em vez de chagas e de cicatrizes
Deixar, foi valas funerais deixando.

E foi deixando essas funéreas, frias,
Medonhas valas, onde, como abutres
Medonhos, de ossos, de ilusões te nutres,
Vives de cinzas e de ruinarias!

V

Agora é noite! E na estelar coorte,
Como recordação da festa diurna,
Geme a pungente orquestração noturna
E chora a fanfarra triunfal da Morte.

Então, a Lua que no céu se espalha,
Iluminando as serranias, banha
As serranias duma luz estranha,
Alva como um pedaço de mortalha!

Nessa música que a alma me ilumina
Tento esquecer as minhas próprias dores,
Canto, e minh'alma cobre-se de flores
– Fera rendida à música divina.

Harpas concertam! Brandas melodias
Plangem... Silêncio! Mas de novo as harpas
Reboam pelo mar, pelas escarpas,
Pelos rochedos, pelas penedias...

Eu amo a Noite que este Sol arranca!
Namoro estrelas... Sírius me deslumbra,
Vésper me encanta, e eu beijo na penumbra
A imagem lirial da Noite Branca!

A VITÓRIA DO ESPÍRITO

Era uma preta, funeral mesquita,
Abandonada aos lobos e aos leopardos
Numa floresta lúgubre e esquisita.

Engalanava-lhe as paredes frias
Uma coroa de urzes e de cardos
Coberta em pálio pelas laçarias.

Uma vez, aos lampejos derradeiros
Das irisadas vespertinas velas,
Feras rompiam tojos e balseiros.

E pelas catacumbas desprezadas,
Mochos vagavam como sentinelas,
Em atalaia às gerações passadas!

Um crepúsculo imenso, nunca visto
Tauxiava o Céu de grandes vidros roxos
Da mesma cor da túnica de Cristo.

Fulgia em tudo uma estriação violeta
E um violáceo clarão banhava os mochos
Que em torno estavam da mesquita preta.

Já na eminência da amplidão sidérea
Como uma umbela, se desenrolava
A esteira astral da retração etérea.

Os astros mortos refulgiam vivos
E a noite, ampla e brilhante, rutilava
Lantejoulada de opalinos crivos.

Súbito alguém, o passo constrangendo,
Parou em frente da mesquita morta...
– Um vento frio começou gemendo.

Era uma viúva, e o olhar errante, a viúva,
Em passo lento, foi transpondo a porta,
Eternamente aberta ao sol e à chuva.

A Lua encheu o espaço sem limites
E, dentro, nos altares esboroados,
Foram caindo como estalactites

Sobre o ouro e a prata das alfaias priscas
Um dilúvio de fósforos prateados
E uma chuva dourada de faíscas.

Fora, entretanto, por um chão de onagras
Vinha passeando como numa viagem
Um grupo feio de panteras magras.

E havia no atro olhar dessas panteras
Essa alegria doida da carnagem
Que é a alegria única das feras.

E ardendo na impulsão das ânsias doudas
E em sevas fúrias, infernais ardendo
Todas as feras, as panteras todas

Avançam para a viúva desvalida.
E raivosas, contra ela, arremetendo,
Tiram-lhe todas ali mesmo a vida.

Morria a noite. As flâmulas altivas
Do sol nascente erguiam-se vermelhas,
Como uma exposição de carnes vivas.

E iam cair em pérolas de sangue
Sobre as asas doiradas das abelhas,
E sobre o corpo da viúva exangue.

A Natureza celebrava a festa
Do astro glorioso em cantos e baladas
– O próprio Deus cantava na floresta!

Nos arvoredos rejuvenescidos,
Estrugiam canções desesperadas
De misereres e de sustenidos.

Além, entanto, na redoma clara
Que envolve a porta da região etérea,
O espírito da viúva se quedara

Ao contemplar dessa fulgente porta
E dessa clara e alva redoma aérea,
No desfilar de sua carne morta
A transitoriedade da matéria!

CANTO ÍNTIMO

Meu amor, em sonhos erra,
Muito longe, altivo e ufano
Do barulho do oceano
E do gemido da terra!

O Sol está moribundo.
Um grande recolhimento
Preside neste momento
Todas as forças do Mundo.

De lá, dos grandes espaços,
Onde há sonhos inefáveis
Vejo os vermes miseráveis
Que hão de comer os meus braços.

Ah! Se me ouvisses falando!
(E eu sei que às dores resistes)
Dir-te-ia coisas tão tristes
Que acabarias chorando.

Que mal o amor me tem feito!
Duvidas?! Pois, se duvidas,
Vem cá, olha estas feridas,
Que o amor abriu no meu peito.

Passo longos dias, a esmo...
Não me queixo mais da sorte
Nem tenho medo da Morte
Que eu tenho a Morte em mim mesmo!

"Meu amor, em sonhos, erra,
Muito longe, altivo e ufano
Do barulho do oceano
E do gemido da terra!"

A LUVA

Para o Augusto Belmont

Pensa na glória! Arfa-lhe o peito, opresso.
– O pensamento é uma locomotiva –
Tem a grandeza duma força viva
Correndo sem cessar para o Progresso.

Que importa que, contra ele, horrendo e preto
O áspide abjeto do Pesar se mova!...
E só, no quadrilátero da alcova,
Vem-lhe à imaginação este soneto:

"A princípio escrevia simplesmente
Para entreter o espírito... Escrevia
Mais por impulso de idiossincrasia
Do que por uma propulsão consciente.

Entendi, depois disso, que devia,
Como Vulcano, sobre a forja ardente
Da Ilha de Lemnos, trabalhar contente,
Durante as vinte e quatro horas do dia!

Riam de mim, os monstros zombeteiros.
Trabalharei assim dias inteiros,
Sem ter uma alma só que me idolatre...

Tenha a sorte de Cícero proscrito
Ou morra embora, trágico e maldito,
Como Camões morrendo sobre um catre!"

Nisto, abre, em ânsias, a tumbal janela
E diz, olhando o céu que além se expande:
"– A maldade do mundo é muito grande,
Mas meu orgulho ainda é maior do que ela!

Ruja a boca danada da profana
Coorte dos homens, com o seu grande grito,
Que meu orgulho do alto do Infinito
Suplantará a própria espécie humana!

Quebro montanhas e aos tufões resisto
Numa absoluta impassibilidade",
E como um desafio à eternidade
Atira a luva para o próprio Cristo!

Chove. Sobre a cidade geme a chuva,
Batem-lhe os nervos, sacudindo-o todo,
E na suprema convulsão o doudo
Parece aos astros atirar a luva!

A CARIDADE

No universo a caridade
Em contraste ao vício infando
É como um astro brilhando
Sobre a dor da humanidade!

Nos mais sombrios horrores
Por entre a mágoa nefasta
A caridade se arrasta
Toda coberta de flores!

Semeadora de carinhos
Ela abre todas as portas
E no horror das horas mortas
Vem beijar os pobrezinhos.

Torna as tormentas mais calmas
Ouve o soluço do mundo
E dentro do amor profundo
Abrange todas as almas.

O céu de estrelas se veste
Em fluidos de misticismo
Vibra no nosso organismo
Um sentimento celeste.

A alegria mais acesa
Nossas cabeças invade...
Glória, pois, à Caridade
No seio da Natureza!

Estribilho

Cantemos todos os anos
Na festa da Caridade
A solidariedade
Dos sentimentos humanos.

OUTROS
POEMAS ESQUECIDOS

ABANDONADA

Bem depressa sumiu-se a vaporosa
Nuvem de amores, de ilusões tão bela;
O brilho se apagou daquela estrela
Que a vida lhe tornava venturosa!

Sombras que passam, sombras cor-de-rosa
– Todas se foram num festivo bando,
Fugazes sonhos, gárrulos voando
– Resta somente um'alma tristurosa!

Coitada! o gozo lhe fugiu correndo,
Hoje ela habita a erma soledade,
Em que vive e em que aos poucos vai morrendo!

Seu rosto triste, seu olhar magoado,
Fazem lembrar em noite de saudade
A luz mortiça d'um olhar nublado.

CETICISMO

Desci um dia ao tenebroso abismo,
Onde a Dúvida ergueu altar profano;
Cansado de lutar no mundo insano
Fraco que sou volvi ao ceticismo.

Da Igreja – a Grande Mãe – o exorcismo
Terrível me feriu, e então sereno
De joelhos aos pés do Nazareno
Baixo rezei em fundo misticismo:

– Oh! Deus, eu creio em ti, mas me perdoa!
Se esta dúvida cruel qual me magoa
Me torna ínfimo, desgraçado réu.

Ah, entre o medo que o meu ser aterra,
Não sei se viva p'ra morrer na terra,
Não sei se morra p'ra viver no céu!

A MÁSCARA

Eu sei que há muito pranto na existência,
Dores que ferem corações de pedra,
E onde a vida borbulha e o sangue medra,
Aí existe a mágoa em sua essência.

No delírio, porém, da febre ardente
Da ventura fugaz e transitória
O peito rompe a capa tormentória
Para sorrindo palpitar contente.

Assim a turba inconsciente passa,
Muitos que esgotam do prazer a taça
Sentem no peito a dor indefinida.

E entre a mágoa que a másc'ra eterna apouca
A Humanidade ri-se e ri-se louca
No carnaval intérmino da vida.

O COVEIRO

Uma tarde de abril suave e pura
Visitava eu somente ao derradeiro
Lar; tinha ido ver a sepultura
De um ente caro, amigo verdadeiro.

Lá encontrei um pálido coveiro
Com a cabeça para o chão pendida;
Eu senti a minh'alma entristecida
E interroguei-o: "Eterno companheiro

Da morte, quem matou-te o coração?"
Ele apontou para uma cruz no chão,
Ali jazia o seu amor primeiro!

Depois, tomando a enxada, gravemente,
Balbuciou, sorrindo tristemente:
– "Ai, foi por isso que me fiz coveiro!"

PECADORA

Tinha no olhar cetíneo, aveludado,
A chama cruel que arrasta os corações,
Os seios rijos eram dois brasões
Onde fulgia o símb'lo do pecado.

Bela, divina, o porte emoldurado
No mármore sublime dos contornos,
Os seios brancos, palpitantes, mornos,
Dançavam-lhe no colo perfumado.

No entanto, esta mulher de grã beleza,
Moldada pela mão da Natureza,
Tornou-se a pecadora vil. Do fado

Do destino fatal, presa, morria,
Uma noite entre as vascas da agonia,
Tendo no corpo o verme do pecado!

NO CLAUSTRO

Pelas do claustro salas silenciosas,
De lutulentas, úmidas arcadas,
Na vastidão silente das caladas
Abóbadas sombrias tenebrosas,

Vagueiam tristemente desfiladas
De freiras e de monjas tristurosas,
Que guardam cinzas de ilusões passadas,
Que guardam pét'las de funéreas rosas.

E à noite quando rezam na clausura,
No sigilo das rezas misteriosas,
Nem a sombra mais leve de ventura!

Só as arcadas ogivais desnudas,
E as mesmas monjas sempre tristurosas,
E as mesmas portas impassíveis, mudas!

IL TROVATORE

Canta da torre o trovador saudoso
– Addio, Eleonora! oh! sonhos meus!
E o canto se desprende harmonioso,
Na vibração final do extremo adeus.

Repercute dolente, mavioso,
Subindo pelo Azul da Inspiração;
Assim canta também meu coração,
Trovador torturado e angustioso,

Ai! não, não acordeis, lembranças minhas!
Saudade d'umas noites em que vinhas
Cantar comigo um doce desafio!

Mas, pouco a pouco, os sons esmorecendo,
Perdem-se as notas pelo Azul morrendo,
– Addio Eleonora, addio, addio!

A LOUCA

Quando ela passa: – a veste desgrenhada,
O cabelo revolto em desalinho,
No seu olhar feroz eu adivinho
O mistério da dor que a traz penada.

Moça, tão moça e já desventurada;
Da desdita ferida pelo espinho,
Vai morta em vida assim pelo caminho,
No sudário da mágoa sepultada.

Eu sei a sua história. – Em seu passado
Houve um drama d'amor misterioso
– O segredo d'um peito torturado –

E hoje, para guardar a mágoa oculta,
Canta, soluça – o coração saudoso,
Chora, gargalha, a desgraçada estulta.

PRIMAVERA

Primavera gentil dos meus amores,
– Arca cerúlea de ilusões etéreas,
Chova-te o Céu cintilações sidéreas
E a terra chova no teu seio flores!

Esplende, Primavera, os teus fulgores,
Na auréola azul, dos dias teus risonhos,
Tu que sorveste o fel das minhas dores
E me trouxeste o néctar dos teus sonhos!

Cedo virá, porém, o triste outono,
Os dias voltarão a ser tristonhos
E tu hás de dormir o eterno sono,

Num sepulcro de rosas e de flores,
Arca sagrada de cerúleos sonhos,
Primavera gentil dos meus amores!

A ESPERANÇA

A Esperança não murcha, ela não cansa,
Também como ela não sucumbe a Crença.
Vão-se sonhos nas asas da Descrença,
Voltam sonhos nas asas da Esperança.

Muita gente infeliz assim não pensa;
No entanto o mundo é uma ilusão completa,
E não é a Esperança por sentença
Este laço que ao mundo nos manieta?

Mocidade, portanto, ergue o teu grito,
Sirva-te a Crença de fanal bendito,
Salve-te a glória no futuro – avança!

E eu, que vivo atrelado ao desalento,
Também espero o fim do meu tormento,
Na voz da Morte a me bradar; descansa!

SONETO

Senhora, eu trajo o luto do Passado,
Este luto sem fim que é o meu Calvário
E ansio e choro, delirante e vário,
Sonâmbulo da dor angustiado.

Quantas venturas que me acalentaram!
Meu peito túm'lo do prazer finado
Foi outrora do riso abençoado,
O berço onde as venturas se embalaram.

Mas não queiras saber nunca risonha
O mistério d'um peito que estertora
E o segredo d'um'alma que não sonha!

Não, não busques saber porque, Senhora,
É minha sina perenal, tristonha
– Cantar o Ocaso quando surge a Aurora.

SOFREDORA

Cobre-lhe a fria palidez do rosto
O sendal da tristeza que a desola;
Chora – o orvalho do pranto lhe perola
As faces maceradas de desgosto.

Quando o rosário de seu pranto rola,
Das brancas rosas do seu triste rosto
Que rolam murchas como um sol já posto
Um perfume de lágrimas se evola.

Tenta às vezes, porém, nervosa e louca
Esquecer por momento a mágoa intensa
Arrancando um sorriso à flor da boca.

Mas volta logo um negro desconforto,
Bela na Dor, sublime na Descrença,
Como Jesus a soluçar no Horto.

ECOS D'ALMA

Oh! madrugada de ilusões, santíssima,
Sombra perdida lá do meu Passado,
Vinde entornar a clâmide puríssima
Da luz que fulge no ideal sagrado!

Longe das tristes noites tumulares
Quem me dera viver entre quimeras,
Por entre o resplandor das Primaveras
Oh! madrugada azul dos meus sonhares.

Mas quando vibrar a última balada
Da tarde e se calar a passarada
Na bruma sepulcral que o céu embaça

Quem me dera morrer então risonho
Fitando a nebulosa do meu sonho
E a Via-Láctea da Ilusão que passa!

AMOR E CRENÇA

Sabes que é Deus? Esse infinito e santo
Ser que preside e rege os outros seres,
Que os encantos e a força dos poderes
Reúne tudo em si, num só encanto?

Esse mistério eterno e sacrossanto,
Essa sublime adoração do crente,
Esse manto de amor doce e clemente
Que lava as dores e que enxuga o pranto?

Ah! Se queres saber a sua grandeza
Estende o teu olhar à Natureza,
Fita a cúp'la do Céu santa e infinita!

Deus é o Templo do Bem. Na altura imensa,
O amor é a hóstia que bendiz a crença,
Ama, pois, crê em Deus e... sê bendita!

ARIANA

Ela é o tipo perfeito da ariana.
Branca, nevada, púbere, mimosa,
A carne exuberante e capitosa
Trescala a essência que de si dimana.

As níveas pomas do candor da rosa,
Rendilhando-lhe o colo de sultana,
Emergem da camisa cetinosa
Entre as rendas sutis de filigrana.

Dorme talvez. Em flácido abandono
Lembra formosa no seu casto sono
A languidez dormente da indiana.

Enquanto o amante pálido, a seu lado,
Medita, a fronte triste, o olhar velado,
No Mistério da Carne Soberana.

TEMPOS IDOS

Não enterres, coveiro, o meu Passado,
Tem pena dessas cinzas que ficaram;
Eu vivo d'essas crenças que passaram,
E quero sempre tê-las ao meu lado!

Não, não quero o meu sonho sepultado
No cemitério da Desilusão,
Que não se enterra assim sem compaixão
Os escombros benditos do Passado!

Ai! não me arranques d'alma este conforto!
– Quero abraçar o meu Passado morto
– Dizer adeus aos sonhos meus perdidos!

Deixa ao menos que eu suba à Eternidade
Velado pelo círio da Saudade,
Ao dobre funeral dos tempos idos!

SONETO

Na rua em funeral ei-la que passa
A romaria eterna dos aflitos,
A procissão dos tristes, dos proscritos,
Dos romeiros saudosos da desgraça.

E na choça a lamúria que traspassa
O coração, além, ânsias e gritos
De mães que arquejam sobre os pobrezitos
Filhos que a fome derrubou na praça.

Entre todos, porém, lânguida e bela,
Da juventude a virginal capela
A lhe cingir de luz a fronte baça,

Vai Corina mendiga e esfarrapada,
A alma saudosa pelo amor vibrada
– A Stella Matutina da Desgraça!

SONETO

Adeus, adeus, adeus! E suspirando
Saí deixando morta a minha amada,
Vinha o luar iluminando a estrada
E eu vinha pela estrada soluçando.

Perto um ribeiro claro murmurando
Muito baixinho como quem chorava,
Parecia o ribeiro estar chorando
As lágrimas que eu triste gotejava.

Súbito ecoou o sino o som profundo!
Adeus! – eu disse. Para mim no mundo
Tudo acabou-se, apenas restam mágoas.

Mas no mistério astral da noite bela
Pareceu-me inda ouvir o nome dela
No marulhar monótono das águas!

A AERONAVE

Cindindo a vastidão do Azul profundo,
Sulcando o espaço, devassando a terra,
A Aeronave que um mistério encerra
Vai pelo espaço acompanhando o mundo.

E na esteira sem fim da azúlea esfera
Ei-la embalada n'amplidão dos ares,
Fitando o abismo sepulcral dos mares
Vencendo o azul que ante si s'erguera.

Voa, se eleva em busca do Infinito,
É como um despertar de estranho mito,
Auroreando a humana consciência.

Cheia da luz do cintilar de um astro,
Deixa ver na fulgência do seu rastro
A trajetória augusta da Ciência.

LIRIAL

Por que choras assim, tristonho lírio,
Se eu sou o orvalho eterno que te chora,
P'ra que pendes o cálice que enflora
Teu seio branco do palor do círio?!

Baixa a mim, irmã pálida da Aurora,
Estrela esmaecida do Martírio;
Envolto da tristeza no delírio,
Deixa beijar-te a face que descora!

Fosses antes a rosa purpurina
E eu beijaria a pétala divina
Da rosa onde não pousa a desventura.

Ai! que ao menos talvez na vida escassa
Não chorasses à sombra da desgraça,
Para eu sorrir à sombra da ventura!

A MINHA ESTRELA

Eu disse – Vai-te, estrela do Passado!
Esconde-te no Azul da Imensidade,
Lá onde nunca chegue esta saudade,
– A sombra deste afeto estiolado.

Disse, e a estrela foi p'ra o Céu subindo,
Minh'alma que de longe a acompanhava,
Viu o adeus que ela do Céu enviava,
E quando ela no Azul foi se sumindo

Surgia a Aurora – a mágica princesa!
E eu vi o Sol do Céu iluminando
A Catedral da Grande Natureza.

Mas a noite chegou, triste, com ela
Negras sombras também foram chegando,
E eu nunca mais vi a minha estrela!

SONETO

A praça estava cheia. O condenado
Transpunha nobremente o cadafalso,
Puro de crime, isento de pecado,
Vítima augusta de indelével falso.

E na atitude do Crucificado,
O olhar azul pregado n'amplidão,
Pude rever naquele desgraçado
O drama lutuoso da Paixão.

Quando do algoz cruento o braço alçado
Se dispunha a vibrar sem compaixão
O golpe na cabeça do culpado

Ele, o algoz – o criminoso – então,
Caiu na praça como fulminado
A soluçar: perdão, perdão, perdão!

VERSOS D'UM EXILADO

Eu vou partir. Na límpida corrente
Rasga o batel o leito d'água fina
– Albatroz deslizando mansamente
Como se fosse vaporosa Ondina.

Exilado de ti, oh! Pátria! ausente
Irei cantar a mágoa peregrina
Como canta o pastor a matutina
Trova d'amor, à luz do sol nascente!

Não mais virei talvez e, lá sozinho,
Hei de lembrar-me do meu pátrio ninho
D'onde levo comigo a nostalgia

E esta lembrança que hoje me quebranta
E que eu levo hoje como a imagem santa
Dos sonhos todos que já tive um dia!

AVE DOLOROSA

Ave perdida para sempre – crença
Perdida – segue a trilha que te traça
O Destino, ave negra da Desgraça,
Gêmea da Mágoa e núncia da Descrença!

Dos sonhos meus na Catedral imensa
Que nunca pouses. Lá, na névoa baça,
Onde o teu vulto lúrido esvoaça,
Seja-te a vida uma agonia intensa!

Vives de crenças mortas e te nutres,
Empenhada na sanha dos abutres,
Num desespero rábido, assassino...

E hás de tombar um dia em mágoas lentas,
Negrejada das asas lutulentas
Que te emprestar o corvo do Destino!

NIMBUS

Nimbos de bronze que empanais escuros
O santuário azul da Natureza,
Quando vos vejo negros palinuros
Da tempestade negra e da tristeza,

Abismados na bruma enegrecida,
Julgo ver nos reflexos da minh'alma
As mesmas nuvens deslizando em calma,
Os nimbos das procelas desta vida;

Mas quando céu é límpido, sem bruma
Que a transparência tolda, sem nenhuma
Nuvem sequer, então, num mar de esp'rança,

Que o céu reflete, a vida é qual risonho
Batel, e a alma é a flâmula do sonho,
Que o guia e leva ao porto da bonança.

NO CAMPO

Tarde. Um arroio canta pela umbrosa
Estrada; as águas límpidas alvejam
Como cristais. Aragem suspirosa
Agita os roseirais que ali vicejam.

No Alto, entretanto, os astros rumorejam
Um presságio de noite luminosa
E ei-la que assoma – a Louca Tenebrosa,
Branca, emergindo às trevas que a negrejam.

Chora a corrente múrmura, e, à dolente
Unção da noite, as flores também choram
Num chuveiro de pétalas, nitente,

Pendem e caem – os roseirais descoram
E elas boiam no pranto da corrente
Que as rosas, ao luar, chorando enfloram.

INSÂNIA

No mundo vago das idealidades
Afundei minha louca fantasia;
Cedo atraiu-me a auréola fulgidia
Da refulgência antiga das idades.

Mas ao esplendor das velhas majestades
Vacila a mente e o seu ardor esfria;
Busquei então na nebulosa fria
Das Ilusões, sonhar novas idades.

Que desespero insano me apavora!
Aqui, chora um ocaso sepultado;
Ali, pompeia a luz da branca aurora

E eu tremo e hesito entre um mistério escuro
– Quero partir em busca do Passado
– Quero correr em busca do Futuro.

O BANDOLIM

Cantas, soluças, bandolim do Fado
E de Saudade o peito meu transbordas;
Choras, e eu julgo que nas tuas cordas
Choram todas as cordas do Passado!

Guardas a alma talvez d'um desgraçado,
Um dia morto da Ilusão às bordas,
Tanto que cantas, e ilusões acordas,
Tanto que gemes, bandolim do Fado.

Quando alta noite, a lua é triste e calma,
Teu canto, vindo de profundas fráguas,
É como as nênias do Coveiro d'alma!

Tudo eterizas num coral de endechas...
E vais aos poucos soluçando mágoas,
E vais aos poucos soluçando queixas!

ARA MALDITA

Como um'ave, cindindo os céus risonhos,
Meiga, tu vinhas a cindir os ares,
E, qual hóstia, caindo dos altares,
Foste caindo n'ara dos meus sonhos.

E eu vi os seios teus virem inconhos
– Esses teus seios que os cerúleos lares
Branquejaram de eternos nenufares,
Para nunca tocarem negros sonhos!

Caíste enfim no meu sacrário ardente,
Quiseste-me beijar a ara do peito,
E eu quis beijar-te o lábio redolente.

E beijei-te, mas eis que neste enleio,
Tocando n'ara negra o níveo seio,
Caíste morta ao celestial preceito.

SONETO

Na etérea limpidez de um sonho branco,
Lúcia sorriu-se à bruma nevoenta,
E a procela chorou n'um fundo arranco
De mágoa triste e de paixão violenta.

E Lúcia disse à bruma lutulenta:
– Foge, senão co'o o meu olhar te espanco!
E eu vi que, à voz de Lúcia, grave e lenta,
O céu tremia em seu trevoso flanco.

Fulgia a bruma para sempre. A vida
Despontava na aurora amortecida
À rutilância mágica do dia.

Aquele riso despertava a aurora!
E tudo riu-se, e como Lúcia, agora,
O sol, alegre e rubro, também ria!

TREVA E LUZ

Neste pélago escuro em que te afundas,
Longe das sombras aurorais e amadas,
Sentes o peito em ânsias revoltadas,
Diluis teu peito em sensações profundas.

Mas, eis que emerges, luminosa, às fundas
Águas do mar das glórias obumbradas,
E, ante o branco estendal das madrugadas,
Nua, em banho ideal de amor te inundas.

Agora, à luz das alvoradas santas
Ungem-te o corpo redolências tantas,
Que, ao ver-te nua, o Mundo se concentre,

E a lua, a Virgem Mãe dos céus escampos,
Que beija a terra e que abençoa os campos,
Beije-te o seio e te abençoe o ventre!

SONETO

O Templo da Descrença – ei-lo que avisto.
[A imensa
Cruz da Dor está serena como um lírio!
E vejo o pedestal que sustenta o Martírio;
E vejo o pedestal que sustenta a Descrença!

– A colunata êxul do Sonho Morto – o círio
Da Quimera Falaz, o túmulo da Crença,
Tudo! até o altar onde a Angústia vibra intensa
N'uma fúria assombral de feras em delírio!

Penetro louco enfim o abismo funerário,
E a rasgar, a rasgar o lúrido sacrário,
Em mim como no Templo a Angústia se
[condensa,

E em mim como no Templo, urnas de Sonho;
[e, em bando,
Flores mortas da Aurora, e, eu sombrio chorando
Ante a imagem fatal do Sepulcro da Crença!

A PESTE

Filha da raiva de Jeová – a Peste
N'um insano ceifar que aterra e espanta,
De espaço a espaço sepulturas planta
E em cada coração planta um cipreste!

Exulta o Eterno e... tudo chora, tudo!
Quando Ela passa, semeando a Morte,
Todos dizem co'os olhos para a Sorte
– É o castigo de Deus que passa mudo!

– Fúlgido foco de escaldantes brasas
– O sol a segue, e a Peste ri-se, enquanto
Vai devastando o coração das casas...

E como o sol que a segue e deixa um rastro
De luz em tudo, ela, como o sol – o astro –
Deixa um rastro de luto em cada canto!

IDEAL

Quero-te assim, formosa entre as formosas,
No olhar d'amor a mística fulgência
E o misticismo cândido das rosas,
Plena de graça, santa de inocência!

Anjo de luz de astral aurifulgência,
Etéreo como as Wilis vaporosas,
Embaladas no albor da adolescência,
– Virgens filhas das virgens nebulosas!

Quero-te assim, formosa, entre esplendores,
Colmado o seio de virentes flores,
A alma diluída em eterais cismares...

Quero-te assim – e que bendita sejas
Como as aras sagradas das igrejas,
Como o Cristo sagrado dos altares.

SOMBRA IMORTAL

– E tu velas, a sós, no pó da fulgurância
Como uma velha cruz vela na sombra morta!
Fora, a noite é tumbal... e a saudade da infância,
Como um'alma de mãe, me acalenta e conforta!

Noite! E somente tu velas a rutilância...
Lua que já passou e que hoje ainda corta
O penetral que guia à derradeira estância,
O penetral que leva à derradeira porta!

Revejo em ti, mulher, num lânguido *smorzando*
A sombra virginal qu'eu adoro chorando
E há de um dia amparar-me na luta correndo...

Ah! que um dia da Vida, estes dardos acúleos
Caíam, também da Dor, lá dos braços hercúleos,
Domados pela meiga Ônfale a que me rendo!

CORAÇÃO FRIO

Frio o sagrado coração da lua,
Teu coração rolou da luz serena!
E eu tinha ido ver a aurora tua
Nos raios d'ouro da celeste arena...

E vi-te triste, desvalida e nua!
E o olhar perdi, ansiando a luz amena
No silêncio notívago da rua...
– Sonâmbulo glacial da estranha pena!

Estavas fria! A neve que a alma corta
Não gele talvez mais, nem mais alquebre
Um coração como a alma que está morta...

E estavas morta, eu vi, eu que te almejo,
Sombra de gelo que me apaga a febre,
– Lua que esfria o sol do meu desejo!

NOTURNO

Para o vale noital da eterna gaza
Rolou o Sol – imenso moribundo –
E a noite veio na negrura d'asa,
Santificada pela Dor do Mundo!

U'a luz, entanto, no negror me abrasa,
E um canto vai morrer no vale fundo...
Que luz é esta que das brumas vaza,
Que canto é este, virginal, profundo?!

Rumores santos... e no santo harpejo,
Somente tristes os teus olhos vejo,
Para o Infinito e para o Céu voltados!

Cantas, e é noite de fatais abrolhos...
Choras, e no meu peito estes teus olhos
Como que cravam dois punhais gelados!

SEDUTORA

Alva d'aurora, e em lânguida sonata
Vinhas transpondo a margem do caminho,
Branca bem como empalecido arminho,
Alvorejando em arrebol de prata.

Bendita a Santa do Carinho, inata!
E, ajoelhando à imagem do Carinho,
O roble altivo entreteceu-te um ninho,
Alva d'aurora, te acolheu a mata.

Pérolas e ouro pela serrania...
No lago branco e rútilo do dia
O azul pompeava para sempre vasto.

Chegaste, o seio branco, e, tu, chegando,
Uma pantera foi se ajoelhando,
Rendida ao eflúvio do teu seio casto!

PELO MUNDO

Ânsias que pungem, mórbidos encantos,
Crepitações de flamas incendidas
N'alma explodindo como fogos santos,
Vão pelo mundo ensanguentando as Vidas.

Eflúvios quentes e fatais quebrantos
Crestam a alma das virgens adormidas...
E as brumas velam nos sinistros mantos
E as virgens dormem nas tumbais jazidas!

Súbitos fremem 'spasmos derradeiros...
E a paixão morre e os corações coveiros
Vão como duendes pelos céus risonhos,

Chorando auroras músicas perdidas
Na estrada santa ensanguentando as Vidas,
Nos campos-santos enterrando os Sonhos!

SONETO

E o mar gemeu a funda melopeia
À luz feral que a tarde morta instila,
Triste como um soluço de Dalila,
Fria como um crepúsculo da Judeia.

Já Vésper, no Alto, e lânguida, cintila!
Naquela hora morria para a Ideia
A minha branca e desgraçada Dea,
Qual rosa branca que ao tufão vacila.

E o mar chamou-a para o fundo abismo!
E o céu chamou-a para o Misticismo.
Nesse momento a Lua vinha calma

E céu e mar num desespero mudo
Não viram que num halo de veludo
À alma de Dea se evolava est'alma.

O RISO

"Ri, coração, tristíssimo palhaço."

CRUZ E SOUSA

O Riso – o voltairesco *clown* – quem mede-o?!
– Ele, que ao frio alvor da Mágoa Humana,
Na Via-Láctea fria do Nirvana,
Alenta a Vida que tombou no Tédio!

Que à Dor se prende, e a todo o seu assédio,
E ergue à sombra da dor a que se irmana
Lauréis de sangue de volúpia insana,
Clarões de sonho em nimbos de epicédio!

Bendito sejas, Riso, *clown* da Sorte
– Fogo sagrado nos festins da Morte
– Eterno fogo, saturnal do Inferno!

Eu te bendigo! No mundano cúmulo
És a Ironia que tombou no túmulo
Nas sombras mortas de um desgosto eterno!

SONETO

Vamos, querida! Já é Ave-Maria
– A hora dos tristes e dos descontentes.
Desfaz-se o peito em vibrações dormentes
E o Fado geme sob a névoa fria!

Que eu sinta n'alma o que tu n'alma sentes!
Nesta Missa de Atroz Melancolia
Bebes chorando o Vinho da Agonia
– Consagração das almas padecentes!

Foi numa tarde assim que nos amamos.
Silfos morriam... No ar, os gaturamos
Num recesso de névoa, adormecida...

Punge-me o peito da Saudade o cardo
Enquanto um mocho, sonolento e tardo,
Canta no espaço a maldição da Vida!

A UMA MÁRTIR

Alma em cilício, vem, enrista a clava,
Brande no seio o espículo e o acínace
E unjam-te o seio que d'auroras nasce
Sangrentas bênçãos eclodindo em lava!

Nossa Senhora te unge a face escrava,
Cristo saudoso te abençoa a face
De monja – violeta que do Céu baixasse
À Virgem Santa Natureza brava!

Vais caminhando para a terra extrema,
Rosa dos Sonhos! e o teu galho trema
E a tua crença, o desespero mate-a...

E em nuvens d'ouro ascende enfim ao plaustro
Da Neve Eterna, estrela azul do claustro,
Levada para o Azul da Via-Láctea!

PELO MAR

Manhã em flor. O mar é um policromo
E imenso lago d'íris e alabastros...
À aurora é branco e ao sol, o mar é como
Um pálio imenso que caiu dos astros.

Longe, bem longe, no alvoral assomo
Ergue um navio os altanados mastros
E o Oceano dorme – alourecido pomo
Num leito irial de pérolas e nastros.

A alma da Mágoa vai pelo seu dorso,
Em sonhos geme... Um coração de corso
Geme no mar, vibra no mar, entanto,

Colma-lhe o seio a opala das esponjas...
E à noite morta choram vagas – monjas
Purificadas no cristal do pranto!

PALLIDA LUNA

És do Passado! Vieste d'alvorada
N'asa dos elfos pela Morte espalma...
Cantas... e eu ouço esta *berceuse* calma
Da harpa dos mundos ideais do Nada!

Ergue o Missal brilhante de tu'alma,
Mas nessa elevação mistificada,
Vem, que eu te espero, Deusa constelada
Desce, anêmona êxul que o Céu ensalma!

Venhas e desças, Lua dos Martírios,
Desças, mas venhas pela unção dos lírios.
Visão de Ocaso de enluaradas comas,

Vaso de Unção descido dos espaços,
Para ungirmos nós dois, os nossos paços,
Na tule idealizada dos aromas.

A MORTE DE VÊNUS

Velhos berilos, pálidas cortinas,
Morno frouxel de nardos recendendo
Velam-lhe o sono... e Vênus vai morrendo
No berço azul das névoas matutinas!

Halos de luz de brancas musselinas
Vão-lhe do corpo virginal descendo
– Abelha irial que foi adormecendo
Sobre um coxim de pérolas divinas.

E quando o Sol lhe beija a espádua nua,
Cai-lhe da carne o resplendor da Lua
No reverbero dos deslumbramentos...

Enquanto no ar há sândalos, há flores
E haustos de morte – os últimos clangores
Da música chorosa dos mementos!

SONHO DE AMOR

Sobre o aromal e amplo coxim de Flora,
Que os vapores da tarde inda incensavam
E que um incenso tênue e bom vapora,
Os namorados lânguidos sonhavam.

A alma do Ocaso entrava o céu agora
E havia pelas tênebras que entravam
Ora estrangulamentos surdos, ora
Ruídos de carnes que se estrangulavam.

E sonharam assim durante toda
A noite, e toda a alva manhã durante!
– O Sol jorrava largos raios longos

E em roda víride e nevado, em roda,
Lembrava o campo um colorido ondeante
De vidros verdes e cristais oblongos!

SONETO

A orgia mata a mocidade, quando
Rugem na carne do delírio as feras,
E o moço morre como está sonhando
Nas suas vinte e cinco primaveras.

Em cima – o ouro sem mancha das esferas,
Em baixo ouro manchado de execrando
Festim de sibaritas, das heteras
Lubricamente se despedaçando!

Em cima, a rede do estelário imáculo
Suspensa no alto como um tabernáculo
– A orgia, em baixo, e no delírio doudo

Como arvoredos juvenis tombados
Os moços mortos, os brasões manchados,
E um turbilhão de púrpuras no lodo!

SONETO

E ele morreu. Ele que foi um forte
Que nunca se quebrou pelo Desgosto
Morreu... mas não deixou na ara do rosto
Um só vestígio que acusasse a Morte!

O anatomista que investiga a sorte
Das vidas que se abismam no Sol-posto
Ficaria admirado do seu rosto
Vendo-o tão belo, tão sereno e forte!

Quando meu Pai deixou o lar amigo
Um sabiá da casa muito antigo,
Que há muito tempo não cantava lá,

Diluiu o silêncio em litanias...
E hoje, poetas, já faz sete dias
Que eu ouço o canto desse sabiá!

VAE VICTIS

A Dor meu coração torça e retorça
E me retalhe como se retalha
Para escárnio e alegria da canalha
Um leão vencido que perdeu a força!

Sobre mim caia essa vingança corsa,
Já que perdi a última batalha!
E, enquanto o Tédio a carne me trabalha,
A Dor meu coração torça e retorça!

Cubra-me o corpo a podridão dos trapos!
Os vibriões, os vermes vis, os sapos
Encontrem nele pábulo eviterno...

– Repositório de milhões de miasmas
Onde se fartem todos os fantasmas,
Primavera, verão, outono, inverno!

A DOR

Chama-se a Dor, e quando passa, enluta
E todo mundo que por ela passa
Há de beber a taça da cicuta
E há de beber até o fim da taça!

Há de beber, enxuto o olhar, enxuta
A face, e o travo há de sentir, e a ameaça
Amarga dessa desgraçada fruta
Que é a fruta amargosa da Desgraça!

E quando o mundo todo paralisa
E quando a multidão toda agoniza,
Ela, inda altiva, ela, inda o olhar sereno

De agonizante multidão rodeada,
Derrama em cada boca envenenada
Mais uma gota do fatal veneno!

TERRA FÚNEBRE

Aqui morreram tantos poetas! Tanta
Guitarra morta este lugar encerra!...
Aqui é o Campo-Santo, aqui é a Terra!
Em que a alma chora e em que a Saudade canta!

O caminheiro que o Pesar desterra,
Pare chorando nesta Terra Santa,
E se cantar como a Saudade canta,
O caminheiro fique nesta Terra!

À noite aqui um trovador eterno
Chora, abraçado às campas dos poetas,
– Esse sombrio trovador é o Inverno!

Aqui é a Terra, onde, ao noturno açoute,
Carpem na sombra pássaros ascetas,
Gemem poetas – pássaros da Noute!

SONETO

O sonho, a crença e o amor, sendo a risonha
Santíssima Trindade da Ventura
Pode ser venturosa a criatura
Que não crê, que não ama e que não sonha?!

Pois a alma acostumada a ser tristonha
Pode achar por acaso ou porventura
Felicidade numa sepultura,
Contentamento numa dor medonha?!

Há muito tempo, o sonho, do meu seio
Partiu num célere arrebatamento
De minha crença arrebentando a grade

Pois se eu não amo e se também não creio
De onde me vem este contentamento,
De onde me vem esta felicidade?!

MEDITANDO

Penso em venturas! A alma do homem pensa
Sempre em venturas! Sorte do homem! O homem
Há de embalar eternamente a crença
Sem ter grilhões e sem ter leis que o domem!

Punjam-no os vermes da Desgraça, assomem
Descrenças, surjam tédios na Descrença,
Luta, e morrem os vermes que o consomem,
Vence, e por fim, nada há que o abata e o vença!

Por isso, poeta, eu penso na Ventura!
E o pensamento, na Suprema Altura
Sinto, no imenso Azul do Firmamento

Ir rolando pelo ouro das estrelas,
E esse ouro santo vir rolando pelas
Trevas profundas do meu pensamento!

SONETO

Para que nesta vida o espírito esfalfaste
Em vãs meditações, homem meditabundo?!
Escalpelaste todo o cadáver do mundo
E, por fim, nada achaste... e, por fim, nada
[achaste!

A loucura destruiu tudo que arquitetaste
E a Alemanha tremeu ao teu gemido fundo!...
De que te serviu, pois, estudares, profundo,
O homem e a lesma e a rocha e a pedra e o
[carvalho e a haste?!

Pois, para penetrar o mistério das lousas,
Foi-te mister sondar a substância das cousas
Construíste de ilusões um mundo diferente,

Desconheceste Deus no vidro do astrolábio
E quando a ciência vã te proclamava sábio
A tua construção quebrou-se de repente!

O ÉBRIO

Bebi! Mas sei por que bebi!... Buscava
Em verdes nuanças de miragens, ver
Se nesta ânsia suprema de beber,
Achava a Glória que ninguém achava!

E todo o dia então eu me embriagava
– Novo Sileno, – em busca de ascender
A essa Babel fictícia do Prazer
Que procuravam e que eu procurava.

Trás de mim, na atra estrada que trilhei,
Quantos também, quantos também deixei,
Mas eu não contarei nunca a ninguém.

A ninguém nunca eu contarei a história
Dos que, como eu, foram buscar a Glória
E que, como eu, irão morrer também.

O CANTO DA CORUJA

A coruja cantara-lhe na porta
Sinistramente a noite inteira! Indício
Mais certo não havia! – Era o suplício!...
Daí a pouco, ela seria morta.

Saiu. O Sol ardia. A estrada torta
Lembrava a antiga ponte de Sublício...
Havia pelo chão um desperdício
De folhas que a áurea xantofila corta.

Nisto, ouve o canto aziago da coruja!
– Quer fugir, e não vê por onde fuja.
Implora a Deus como a um fetiche vago...

– Se ao menos voasse! – E horror começa! Rasga
As vestes; uma convulsão a engasga
E morre ouvindo o mesmo canto aziago!

NOME MALDITO

Das trombetas proféticas o alarde
Falou-lhe, por seus onze augúrios certos:
"É maldito o teu nome! E aos céus abertos,
Não há divina proteção que o guarde!"

Dúvidas cruéis! Momentos cruéis! Incertos
E cruéis momentos! Ânsias cruéis! E, à tarde,
Saiu aos tombos, como um cão covarde,
A percorrer desertos e desertos...

E, assombrado, com medo do Infinito,
Por toda a parte, onde, aos tropeços, ia,
Por toda a parte viu seu nome escrito!

Vieram-lhe as ânsias. Teve sede e fome...
E foi assim que ele morreu um dia
Amaldiçoado pelo próprio nome!

DOLÊNCIAS

Eu fui cadáver, antes de viver!
Meu corpo, assim como o de Jesus Cristo,
Sofreu o que olhos de homem não têm visto
E olhos de fera não puderam ver!

Acostumei-me, assim, pois, a sofrer
E acostumado a assim sofrer existo...
Existo! – E apesar disto, apesar disto
Inda cadáver hei também de ser!

Quando eu morrer de novo, amigos, quando
Eu, de saudades me despedaçando
De novo, triste e sem cantar, morrer,

Nada se altere em sua marcha infinda
– O tamarindo reverdeça ainda,
A lua continue sempre a nascer!

A LÁGRIMA

– Faça-me o obséquio de trazer reunidos
Clorureto de sódio, água e albumina...
Ah! Basta isto, porque isto é que origina
A lágrima de todos os vencidos!

– A farmacologia e a medicina
Com a relatividade dos sentidos
Desconhecem os mil desconhecidos
Segredos dessa secreção divina.

– O farmacêutico me obtemperou. –
Vem-me então à lembrança o pai Ioiô
Na ânsia psíquica da última eficácia!

E logo a lágrima em meus olhos cai.
Ah! Vale mais lembrar-me eu de meu Pai
Do que todas as drogas da farmácia!

AVE LIBERTAS

Ao clarão irial da madrugada,
Da liberdade ao toque alvissareiro,
Banhou-se o coração do Brasileiro
Num eflúvio de luz auroreada.

É que baqueia a vida escravizada!
Já se ouvem os clangores do pregoeiro,
Como um Tritão, levando ao mundo inteiro,
Da República a nova sublimada.

E ali do despotismo entre os escombros,
Rola um drama que a Pátria exalça e doura
Numa auréola de paz imorredoura,
A República rola-lhe nos ombros;

Enquanto fora na trevosa agrura
Sucumbe o servilismo, e, esplendorosa,
A Liberdade assoma majestosa,
– Estrela d'Alva imaculada e pura!

É livre a Pátria outrora opressa e exangue!
Esse labéu que mancha a glória pública,
Que apouca o triunfo e que se chama sangue,
Manchar não pode as aras da República.

Não! que esse ideal puro, risonho,
Há de transpor sereno os penetrais
Da Pátria, e há de elevar-se neste sonho
Ao topo azul das Glórias Imortais!

Esplende, pois, oh! Redentora d'alma,
Oh! Liberdade, essa bendita e branca
Luz que os negrores da opressão espanca,
Essa luz etereal bendita e calma.

Vós, oh Pátria, fazei que destes brilhos,
Caia do santuário lá da História,
Fulgente do valor da vossa glória,
A bênção do valor dos vossos filhos!

QUADRAS

Embala-me em teus braços,
De amores bons à sombra –
Quero em cheirosa alfombra
Pousar os sonhos lassos!

Teus seios, oh! morena
– Relíquias de Carrara –
Têm a ambrosia rara
Da mais rara verbena.

Aperta-me em teu peito,
E dá-me assim, divina,
De lírios e boninas
Um veludíneo leito.

Assim como Jesus,
Eu quero o meu Calvário
– Anelo morrer vário
Dos braços teus na Cruz!

Por que não me confortas?!
Bem sei, perdeste a ciência,
Morreu-te a redolência,
Alma das virgens mortas –

Mas não! Apaga os traços
De tão funesto aspeito...
Aperta-me em teu peito,
Embala-me em teus braços!

VÊNUS MORTA

A Via-Sacra Azul do amor primeiro
Veste hoje o luto que a desgraça veste
No miserere do meu desespero...

– Lótus diluído n'alma dum cipreste!
Como um lilás eternizando abrolhos
Tinge de roxo o arminho da grinalda,
Rola a violeta santa dos teus olhos
– Tufos de goivo em conchas de esmeralda.

No vácuo imenso das desesperanças
    E dos passados viços,
Recordo o beijo que te dei nas tranças
Emolduradas num florão de riços.

E como um nume de pesar, plangente,
Guarda a saudade que levou do Marne,
Eu guardo o travo deste beijo ardente
E a Nostalgia desta Pátria – a Carne.

Sonho abraçar-te, pálida camélia,
Mas neste sonho, langue e seminua,
Pareces reviver a antiga Ofélia,
Opalescência trágica da lua!

Tu, oh Quimera, de reverberantes
E rubras asas de beliantos pulcros,
Crava-lhe n'alma o tirso das bacantes,
Brande-lhe n'alma o frio dos sepulcros.

Reza-lhe todo o cantochão memento
Dessa Missa de amor da Extrema Agrura,
Abençoada pelo meu tormento
E consagrada pela sepultura.

E que ela suba na serena gaza
Dos mistérios dourados e serenos
À terra Ideal das púrpuras em brasa
E ao Céu dourado e auroreal de Vênus!

ODE AO AMOR

Enches o peito de cada homem, medras
N'alma de cada virgem, e toda a alma
Enches de beijos de infinita calma...
E o aroma dos teus beijos infinitos
Entra na terra, bate nos granitos
E quebra as rochas e arrebenta as pedras!

És soberano! Sangras e torturas!
Ora, tangendo tiorbas em volatas,
Cantas a Vida que sangrando matas,
Ora, clavas brandindo em seva e insana
Fúria, lembras, Amor, a soberana
Imagem pétrea das montanhas duras.

Beijam-te o passo multidões escravas
Dos Desgraçados! – Estas multidões
Sonham pátrias douradas de ilusões
Entre os tórculos negros da Desgraça
– Flores que tombam quando a neve passa
No turbilhão das avalanches bravas!

Tudo dominas! – Dos vergéis tranquilos
Aos Capitólios, e dos Capitólios
Aos claros pulcros e brilhantes sólios
De esplendor pulcro e de fulgências claras,
Rendilhados de fulvas gemas raras
E pontilhados de crisoberilos.

Sobes ao monte onde o *edelweiss* pompeia
N'alma do que subiu àquele monte!
Mas, vezes, desces ao segredo insonte
Do mar profundo onde a sereia canta
E onde a Alcíone trêmula se espanta
Ouvindo a gusla crebra da sereia!

Rompe a manhã. Sinos além bimbalham.
Troa o conúbio dos amores velhos
– As borboletas e os escaravelhos
Beijam-se no ar... Retroa o sino. E, quietos
Beijam-se além os silfos e os insetos
Sob a esteira dos campos que se orvalham.

E em tudo estruge a tua dúlia – dúlia
Que na fibra mais forte e até na fibra
Mais tênue, chora e se lamenta e vibra...
E em cada peito onde um Ocaso chora
Levanta a cruz da redenção da Aurora
Como a Judite a redimir Betúlia!

Bem haja, pois, esse poder terrível,
– Essa dominação aterradora
– Enorme força regeneradora
Que faz dos homens um leão que dorme
E do Amor faz uma potência enorme
Que vela sobre os homens, impassível!

Esta de amor ode queixosa, Irene,
Quedo, sonhei-a, aos astros, ontem, quando
Entre estrias de estrelas, fosforeando,
Egrégia estavas no teu plaustro egrégio
Mais bela do que a Virgem de Corrégio
E os quadros divinais de Guido Reni!

Qual um crente em asiático pagode,
Entre timbales e anafis estrídulos,
Cativo, beija os áureos pés dos ídolos,
Assim, Irene, eis-me de ti cativo!
Cativaste-me, Irene, e eis o motivo,
Eis o motivo por que fiz esta ode.

CANTO DE AGONIA

Agonia de amor, agonia bendita!
– Misto de infinita mágoa e de crença infinita.
Nos desertos da Vida uma estrela fulgura
E o Viajeiro do Amor, vendo-a, triste, murmura:
– Que eu nunca chore assim! Que eu nunca
[chore como
Chorei, ontem, a sós, num volutuoso assomo,
Numa prece de amor, numa felícia infinda,
Delícia que ainda gozo, oração, prece que ainda
Entre saudades rezo, e entre sorrisos e entre
Mágoas soluço, até que esta dor se concentre
No âmago de meu peito e de minha saudade.
Amor, escuridão e eterna claridade...
– Calor que hoje me alenta e há de matar-me
[em breve,
Frio que me assassina, amor e frio, neve,
Neve que me embala como um berço divino,
Neve da minha dor, neve do meu destino!
E eu aqui a chorar nesta noite tão fria!
Agonia, agonia, agonia, agonia!

– Diz e morre-lhe a voz, e cansado e morrendo
O Viajeiro vai, e vê a luz e vendo
Uma sombra que passa, uma nuvem que corre,
Caminha e vai, o louco, abraça a sombra e...
[morre!
E a alma se lhe dilui na amplidão infinita...
Agonia de amar, agonia bendita!

HISTÓRIA DE UM VENCIDO

Sol alto. A terra escalda: é um forno. A flama
[oriunda
Da solar refração bate no mundo, acende
O pó, aclara o mar e por tudo se estende
E arde em tudo, mordendo a atra terra infecunda.

E o Velho veio para o labor cotidiano,
Triste, do alegre Sol ao grande globo quente
E pôs-se para aí, desoladoramente
A revolver da terra o atro e infecundo arcano.

Por seis horas seu braço empenhado na luta,
Fez reboar pelo solo, alta e descompassada
A dura vibração incômoda da enxada,
Rasgando, do agro solo, a superfície bruta.

Mas o braço cansou! Trabalhou... e o trabalho
– Do Eterno Bem motor principal e alavanca –
Arrancara-lhe a Crença assim como se arranca
De um ninho a seda branca e de uma árvore
[o galho!

Sangrou-lhe o coração a saudade da Aurora!
– O Hércules que ele fora! O fraco que ele
[hoje era!
E surpreendido viu que um abismo se erguera
Entre o fraco que era hoje, e entre o Hércules
[de outrora!

Pois havia de assim, nesta maldita senda
De sofrimento ignaro em sofrimento ignaro
Ir caminhando até tombar sem um amparo
No tremendo marnel da Desgraça tremenda?!

II

Noite! O silêncio vinha entrando pelo mundo
E ele, lúgubre e só, trôpego e cambaleando
Foi-se arrastando, foi aos poucos se arrastando,
Para as bordas fatais dum precipício fundo!

Quis um momento ainda olhar para o
[Passado...
E em tudo que o rodeava, oito vezes, funéreo
Horrorizado viu como num cemitério
Cadáveres de um lado e cinzas de outro lado!

De súbito, avistando uma frondosa tília
Julgou, louco, avistar a Árvore da Esperança...
E bateram-lhe então de chofre na lembrança
A casa que deixara, os filhos, a família!

Não morreria, pois! Somente morreria
Se da Vida, sozinho, ele pisasse os trilhos... →

Que mal lhe haviam feito a esposa e a irmã e os
[filhos?!
Preciso era viver! Portanto, viveria!

Viveria! E a fecunda e deleitosa seara
Verde dos campos, onde arde e floresce a Crença,
Compensaria toda a sua dor imensa
Tal qual o Céu a dor de Cristo compensara!

E aos tropeços, tombando, o Velho caminhava...
Caminhava, e a sonhar, bêbado de miragem,
Nem viu que era chegado o termo da viagem,
E amplo, a rugir-lhe aos pés, o precipício estava.

Num instante viu tudo, e compreendendo tudo,
Quis fazer um esforço – o último esforço, e o
[braço
Pendeu exangue, o peito arqueou-se, o cansaço
Empolgara-o, e ele quis falar e estava mudo!

Mudo! E a quem contaria agora as suas mágoas?!
E trágico, no horror bruto da despedida
Abraçou-se com a Dor, abraçou-se com a Vida
E sepultou-se ali no coração das águas!

Cantavam muito ao longe uns carmes doloridos!
Eram tropeiros, era a turba trovadora
Que assim cantava, enquanto a Terra Vencedora
Celebrava ao luar a Missa dos Vencidos!

E o cadáver, à toa, a flux d'água, flutua!
Ninguém o vê, ninguém o acalenta, o acalenta...
Somente entre a negrura atra da terra poenta
Alguém beija, alguém vela o cadáver: a Lua!

ESTROFES SENTIDAS

Eu sei que o Amor enche o Universo todo
E se prende dos poetas à guitarra
Como o pólipo que se agarra ao lodo
E a ostra que às rochas eternais se agarra.

O amor reduz-nos a uniformes placas,
Uniformiza todos os anelos
E une organizações fortes e fracas
Nos mesmo laços e nos mesmo elos.

Por muito tempo eu lhe sorvi o aroma,
E, desvairado, sem prever o abismo
Fiz desse amor um ídolo de Roma;
Eleito Deus no altar do fetichismo!

Tudo sacrifiquei para adorá-lo
– Mas hoje, vendo o horror dos meus destroços,
Tenho vontade de estrangulá-lo
E reduzi-lo muitas vezes a ossos!

Todo o ser que no mundo turbilhona
Veja do Amor, à luz das minhas frases,
Uma montanha que se desmorona,
Estremecendo em suas próprias bases.

E em qualquer parte do Universo veja –
Sombrias ruínas de um solar egrégio
E o desmoronamento duma Igreja
Despedaçada pelo sacrilégio.

A Natureza veste extraordinárias
Roupagens de ouro. Além, nas oliveiras,
Aves de várias cores e de várias
Espécies, cantam óperas inteiras.

A compreensão da minha niilidade
Aumenta à proporção que aumenta o dia
E pouco a pouco o encéfalo me invade
Numa clareza de fotografia.

Na área em que estou, ao matinal assomo,
Passa um rebanho de carneiros dóceis...
E o Sol arranca as minhas crenças como
Boucher de Perthes arrancava fósseis.

Observo então a condição tristonha
Da Humanidade, ébria de fumo e de ópio,
Tal qual ela é, e não tal qual a sonha
E a vê o Sábio pelo telescópio.

O Sábio vê em proporções enormes
Aquilo que é composto de pequenas
Partes, construindo corpos quase informes
E aquilo que é uma parcela apenas.

Da observação nos elevados montes
Prefiro, à nitidez real dos aspectos,
Ver mastodontes onde há mastodontes
E insetos ver onde há somente insetos.

A inanidade da Ilusão demonstro
Mas, demonstrando-a, sinto um violento
Rancor da Vida – este maldito monstro
Que no meu próprio estômago alimento!

Nisto a alma o ofício da Paixão entoa
E vai cair, heroicamente, na água
Da misteriosíssima lagoa
Que a língua humana denomina Mágoa!

Dos meus sonhos o exército desfila
E, à frente dele, eu vou cantando a nênia
Do Amor que eu tive e que se fez argila,
Como Tirteu na guerra de Messênia!

Transponho assim toda a sombria escarpa
Sinistro como quem medita um crime...
E quando a Dor me dói, tanjo minha harpa
E a harpa saudosa a minha Dor exprime!

Estes versos de amor que agora findo
Foram sentidos na solidão de uma horta,
À sombra dum verdoengo tamarindo
Que representa a minha infância morta!

DOCUMENTAÇÃO E ICONOGRAFIA

Augusto dos Anjos. Retrato de formatura.

Córdula dos Anjos,
mãe do poeta.

Alexandre dos Anjos,
pai do poeta.

Fazenda "Pau d'Arco", onde nasceu o poeta. Tamarineiro cantado em seus versos.

Augusto dos Anjos aos 10 anos.

Augusto dos Anjos. Bico de pena de Thomaz Santa Rosa.

D. Ester dos Anjos, esposa do poeta. Reproduzido de "Augusto dos Anjos, poeta da morte e da melancolia", de De Castro e Silva, Editora Guaíra, Curitiba, PR.

Casa onde morou Augusto dos Anjos depois de casado. João Pessoa, Paraíba.

Casa onde morou Augusto dos Anjos, em Leopoldina, Minas Gerais.

Versos a um Coveiro

Numerar sepulturas e carneiros,
Reduzir carnes podres a algarismos,
– Tal é, sem complicados syllogismos,
A arithmetica hedionda dos coveiros!

Um, dois, tres, quatro, cinco... Esoterismos
Da Morte! E eu vejo, em fúlgidos letreiros,
Na progressão dos numeros inteiros
A genese de todos os abysmos!

Oh! Pythagoras da ultima arithmetica,
Continua a contar na paz ascetica
Dos tabidos carneiros sepulchraes

Tibias, cerebros, craneos, radios e humeros,
Porque, infinita como os proprios numeros
A tua conta não acaba mais!

Augusto dos Anjos

Versos a um coveiro. Reproduzido de *Terra do Sol*, Revista de Arte e Pensamento, vol. I, Rio de Janeiro, 1924.

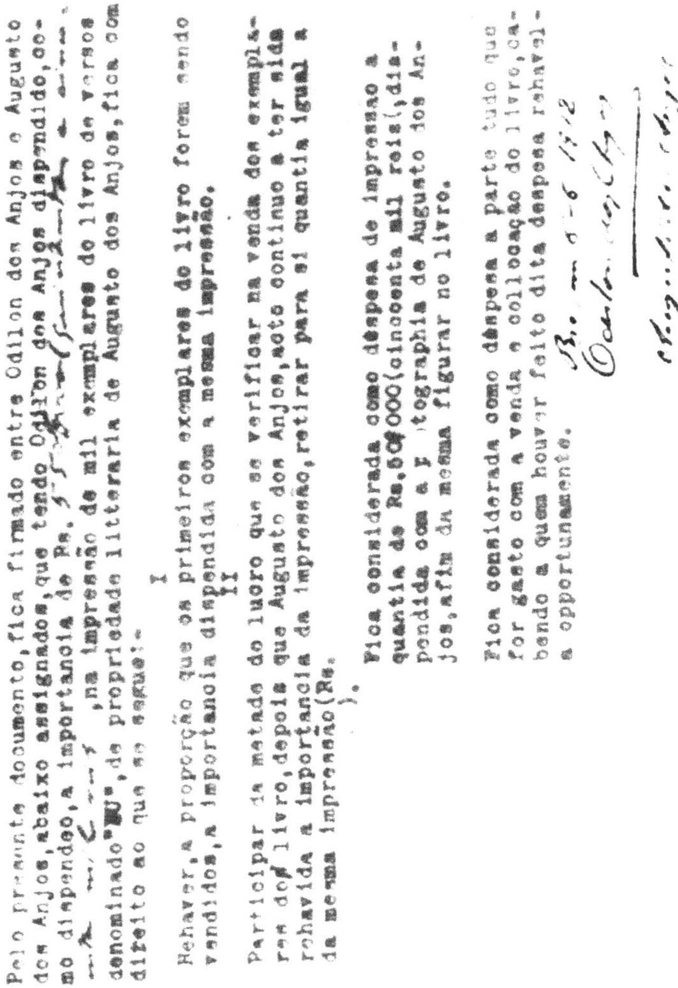
Pelo presente documento, fica firmado entre Odilon dos Anjos e Augusto dos Anjos, abaixo assignados, que tendo Odilon dos Anjos dispendido, como dispendeo, a importancia de Rs. [illegible], na impressão de mil exemplares do livro de versos denominado "EU", de propriedade litteraria de Augusto dos Anjos, fica com direito ao que se segue:-

I

Rehaver, a proporção que os primeiros exemplares do livro forem sendo vendidos, a importancia dispendida com a mesma impressão.

II

Participar da metade do lucro que se verificar na venda dos exemplares do livro, depois que Augusto dos Anjos, acto continuo a ter sido rehavida a importancia da impressão, retirar para si quantia igual a da mesma impressão (Rs.).

Fica considerada como despesa de impressao a quantia de Rs. 50$000 (cincoenta mil reis), dispendida com a photographia de Augusto dos Anjos, afim da mesma figurar no livro.

Fica considerada como despesa a parte tudo que for gasto com a venda e collocação do livro, cabendo a quem houver feito dita despesa rehavel-a opportunamente.

[illegible]

Fotocópia do contrato para a 1ª edição do *EU*.

ESTRELARIO

O Mar e a Escada

"Olha agora, mammifero inferior,
"Antes da ultima páz da ataraxia,
"O fracasso de tua geographia
"E do teu escaphandro esmiuçador!

"Ah! Jamais saberás ser superior,
"Homem, a mim, comquanto, ainda hoje em dia,
"Vá, com a hélice auxiliar, com qual outr'ora ia,
"Voando ao vento o vastissimo vapor,

"Rasgue a agua hórrida a nau árdega e singre-me!"
– E a verticalidade da escada ingreme:
– "Homem, já transpuzeste os meus degraus?!"

– E Augusto – o Hercules, – o Homem, aos soluços
Ouvindo a escada e o mar, cahiu de bruços
No pandemonio aterrador do Cháos!

Augusto dos ANJOS.

Parahyba – 1909.